Olaida Montilla

El vuelo de un Fénix

ECO DE HISTORIAS DE MIGRACIÓN Y ESPERANZAS EN TIERRAS EXTRAÑAS

BARKERBOOKS

📚BARKERBOOKS

EL VUELO DE UN FÉNIX: ECO DE HISTORIAS DE MIGRACIÓN Y ESPERANZAS EN TIERRAS EXTRAÑAS
Derechos Reservados. © 2024, OLAIDA MONTILLA

Edición: Armando Saint-Martin | BARKER BOOKS®
Diseño de Portada: Armando Saint-Martin | BARKER BOOKS®
Diseño de Interiores: Armando Saint-Martin | BARKER BOOKS®

Primera edición. Publicado por BARKER BOOKS®

I.S.B.N. Paperback | 979-8-89204-961-0
I.S.B.N. Hardcover | 979-8-89204-962-7
I.S.B.N. eBook | 979-8-89204-960-3

Derechos de Autor - Número de control Library of Congress: 1-14033583521

Barker Publishing, LLC
Los Angeles, California
https://barkerbooks.com
publishing@barkerbooks.com

Introducción

El crecimiento personal es un viaje único y continuo, marcado por experiencias que moldean y transforman nuestra manera de ver el mundo y a nosotros mismos. Este libro reúne una colección de bibliografías que narran las vivencias personales de individuos de diversos contextos, todas ellas actuando como potentes estímulos para el desarrollo personal.

A lo largo de estas páginas descubrirán historias de resiliencia, autodescubrimiento y superación que no solo entretienen, sino que también ofrecen valiosas lecciones para cualquiera en busca de inspiración y guía. Desde relatos de fracasos convertidos en triunfos hasta reflexiones profundas sobre la identidad y el propósito, cada historia en este libro tiene el potencial de resonar con la experiencia individual del lector.

Mi objetivo es proporcionar una fuente de motivación y aprendizaje a través de las voces diversas de nuestros protagonistas. Cada contribución ha sido seleccionada por su capacidad para iluminar aspectos únicos del crecimiento personal y ofrecer perspectivas que pueden ayudar a los lectores a enfrentar sus propios desafíos y descubrir su potencial. Conozco a cada una de estas personas desde su llegada a este país, es por eso que les he pedido me acompañen en la narración, porque sé lo valioso que es su historia, ya que la he vivido con cada uno de ellos.

Invito a los lectores a sumergirse en estas narrativas con la mente abierta y el corazón dispuesto a encontrar, en las experiencias ajenas, un espejo de su propio viaje. Espero que, al finalizar este libro, sientan no solo el poder de las historias compartidas, sino también una renovada inspiración para continuar su propio camino hacia el crecimiento y la realización personal.

Agradecimientos

Hoy, mientras reflexiono sobre el viaje de la vida, no puedo evitar sentir una profunda gratitud hacia cada uno de ustedes. Vuestra presencia, vuestro amor y vuestro apoyo han sido la fuerza impulsora detrás de cada logro y cada momento de crecimiento en mi vida.

A mis dos hijos biológicos, Ckhristiams y Arthur, y a mi hija de vida, María, quienes han sido mis maestros más importantes en el arte de la maternidad, les agradezco desde lo más profundo de mi corazón. Su presencia en mi vida ha sido un regalo inestimable, y cada día a su lado me ha enseñado lecciones que nunca podré olvidar. Gracias por concederme nuestro tiempo, nuestro amor incondicional y por ser la inspiración detrás de cada paso que doy en mi camino.

A mi esposo, José Luis Milano, mi compañero de vida y mi mayor admirador, no tengo palabras suficientes para expresar mi gratitud por tu amor incondicional y tu apoyo constante. Tu manera de estar a mi lado en cada locura y proyecto, de alentarme y creer en mí, ha sido un regalo que valoro más de lo que las palabras pueden expresar. Gracias por ser mi roca, mi confidente y mi mayor motivación en este viaje llamado vida.

A mi madre, Zaida, mi fiel compañera y mi guía en momentos de oscuridad, te agradezco por tu amor incondicional y por ser mi faro en tiempos de tormenta. Tu sabiduría, tu fuerza y tu cariño han sido un faro de luz que me ha guiado a lo largo de los años, y por eso estaré eternamente agradecida.

A mis hermanos, Elvis y Edegnis, quienes nunca me han fallado y siempre han estado a mi lado en cada desafío y cada alegría, les doy las gracias por su amor incondicional y su apoyo inquebrantable. Su presencia en mi vida es un regalo que atesoro más de lo que las palabras pueden expresar.

A toda mi familia, tanto la de sangre como la que la vida me dio, quiero expresar mi profunda gratitud por vuestro amor y vuestro apoyo constante. Vuestra presencia en mi vida ha sido un regalo invaluable, y cada uno de ustedes ha dejado una huella imborrable en mi corazón.

A mis amigos, quienes han sido mi refugio en tiempos de necesidad y mi fuente de alegría en momentos de felicidad, les agradezco por su amistad incondicional y su apoyo constante. Su presencia en mi vida ha sido un regalo precioso que valoro y que almaceno en un lugar muy especial en mi corazón.

Y finalmente, a toda la comunidad de inmigrantes que ha sido la fuente de inspiración para este libro, les doy las gracias por vuestra valentía, vuestra fuerza y vuestra determinación. Vuestras historias de superación y resiliencia han sido una inspiración para mí, y por eso quiero dedicar este libro a todos ustedes.

En resumen, quiero expresar mi profundo agradecimiento a cada uno de ustedes por su amor, su apoyo y su presencia en mi vida. Sin ustedes, nada de esto sería posible, y por eso estaré eternamente agradecida.

Con el corazón en la mano, les digo ¡gracias!

Olaida Montilla

Querido lector,

Me dirijo a ti con el corazón lleno de esperanza y determinación, con el deseo de compartir mi historia de vida y la de otras personas que han tenido una influencia positiva en ella, con la única finalidad de motivarte a seguir adelante en tu camino. Escribo este libro para ti, para todos aquellos emigrantes que enfrentan desafíos y dificultades en su búsqueda de una vida mejor. Sé que el camino no es fácil, pero quiero que sepas que es posible alcanzar tus sueños con tenacidad y empeño.

Cuando llegué a este país, me enfrenté a innumerables obstáculos. La barrera del idioma, la falta de una red de apoyo, y la incertidumbre sobre el futuro fueron solo algunos de los desafíos que tuve que superar. Sin embargo, nunca perdí de vista mis metas. Sabía que, con trabajo duro y dedicación, podría construir una vida mejor para mí y para mi familia. Cada paso que di estuvo guiado por la convicción de que, aunque el camino fuera arduo, la recompensa valdría la pena.

Decidí escribir este libro porque quiero que sepas que no estás solo. A lo largo de estas páginas, encontrarás no solo mi historia, sino también las de otros que consiguieron las herramientas y estrategias que utilizamos para superar los momentos de frustración y desesperanza. Mi objetivo es ofrecerte una guía práctica y emocional para que puedas enfrentar tus propios desafíos con la misma determinación y resiliencia.

Mi vida no ha sido un camino recto hacia el éxito. Ha habido caídas y momentos en los que dudé de mis propias capacidades. Sin embargo, cada vez que me caía, encontraba la fuerza para levantarme y seguir adelante. Esa misma fuerza reside en ti. Todos tenemos dentro de nosotros la capacidad de superar las adversidades, de aprender de nuestros errores y de seguir luchando por nuestros sueños.

Aún no he logrado todos mis objetivos, pero estoy más cerca de ellos cada día gracias a mi perseverancia. Este libro es una prueba de que, con el tiempo y el esfuerzo adecuado, podemos alcanzar cualquier meta que nos propongamos. Quiero proponerte que te inspires en mi experiencia y en la de otros emigrantes para que encuentres en ella la motivación para seguir trabajando por tus propios sueños. Quiero que sepas que cada pequeño paso que das te acerca a tus metas, y que cada desafío que superas te hace más fuerte y más sabio.

Entiendo profundamente la frustración y la desesperanza que puedes sentir en algunos momentos. Es natural sentirse abrumado cuando enfrentamos tantas barreras. Sin embargo, quiero que recuerdes que cada desafío es una oportunidad para crecer, para aprender y para fortalecerte. La clave está en no rendirse nunca, en mantener siempre viva la llama de la esperanza y la determinación.

Escribo este libro para empujarte a seguir adelante, para recordarte que tu esfuerzo vale la pena y que cada sacrificio que haces te acerca a tus sueños. Quiero que veas en mi historia un reflejo de tus propias posibilidades. Si yo he podido avanzar y construir una vida mejor, tú también puedes hacerlo. No importa cuán grandes sean los desafíos, siempre hay una forma de superarlos.

Con este libro, quiero brindarte el apoyo y la inspiración que necesité en mis momentos más difíciles. Quiero que sientas que hay alguien que entiende por lo que estás pasando y que está aquí para alentarte a seguir adelante. Tu viaje es único, pero no estás solo en él. Somos una comunidad de personas valientes y resilientes, y juntos podemos lograr grandes cosas.

Te animo a que sigas luchando, a que nunca pierdas de vista tus sueños y a que confíes en tu capacidad para superarte. Este libro es mi regalo para ti, una fuente de motivación y esperanza para que puedas enfrentar cualquier desafío con la certeza de que, al final del camino, te espera el éxito.

Con todo mi cariño y solidaridad,

Olaida Montilla

Olaida Montilla

Mi nombre es Olaida Montilla, abogada en Venezuela, empresaria, madre de dos varones, Ckhristiams de veinticuatro años y Arthur de dieciséis años, esposa, hija, hermana y amiga. Soy la mayor de tres hermanos y la única mujer, hija de madre soltera, guerrera, oriundas de Valencia, estado Carabobo, en Venezuela.

En el año 2015, las circunstancias políticas de mi país me llevaron a una emigración forzada. A pesar de que decimos prepararnos para tal acontecimiento, es falso; nunca estamos completamente preparados. En la universidad no nos dan esas clases, ni estudiamos en ningún momento de nuestras vidas académicas, ni en casa nos explican cómo y qué es emigrar. Relaciono esto mucho con el tema de ser madre; por más cursos que hagamos, nunca sabemos realmente, pero en la improvisación de cada día, lo desarrollamos de una manera que nos lleva a graduarnos de supermamá.

De la misma forma es la emigración: no la estudiamos, le tenemos terror, pero logramos ejecutarla y nos volvemos expertos. Aprendemos a medir los riesgos, evaluamos cada día, y luego compartimos nuestras experiencias para que los que nos sigan no cometan los errores que nosotros cometimos, errores que nos costaron lágrimas, tiempo y muchas veces dinero, que en todo este capítulo de inmigración es puntual y relevante.

Antes de llegar a Estados Unidos, conjuntamente con mi familia (esposo e hijos), mamá y hermanos, buscamos diferentes lugares. Aunque mis hermanos no tenían hijos aún, somos una familia muy unida y nos preocupaban mis hijos para ese entonces. Ckhristiams tenía dieciséis años, en plena adolescencia, donde nuestros mayores temores nos despiertan todos los días, y Arthur tenía seis años. ¡Vaya!, ¿qué se hace en esos casos? Ckhristiams con el sueño desde los seis años de querer ser médico, y mis miedos se hacían cada día más grandes.

¿Qué les puedo decir? ¿Qué hacemos con el mito (hoy mito, en 2015 la única realidad que conocía) de que en Estados Unidos nadie logra pagar una universidad porque son muy costosas, y qué hacemos con nuestro estatus migratorio, esa piedra en el zapato que no te deja acceder a una beca o a una ayuda o crédito? Pero eso no era todo, estaba Arthur que no se adaptaba a la escuela, el tema del idioma para ellos también es difícil. Decimos solo tiene seis años, todo estará bien, él aún no sabe qué pasa, pero sí saben, sí les afecta. Mi hijo iba muy tranquilo a la escuela o eso creía yo hasta que un día la escuela me llama para informarme que Arthur desde el momento que entraba al salón lloraba hasta la hora de salir, pero cuando yo lo buscaba él no tenía señal de haber llorado, él no comía, y todo allí era muy extraño. El director o principal, como aquí le decimos, conjuntamente con la maestra, me sugirieron que acompañara a Arthur en los desayunos y en los almuerzos de manera que lo ayudara a incorporarse. Así estuvimos como un mes hasta que él se incorporó. Sin embargo, ni a mi familia ni a mí eso nos detuvo. No paramos de soñar. Al llegar a este país nos tocó trabajos a los cuales no estábamos acostumbrados, pero teníamos dos opciones: o llorábamos, nos lamentábamos y nos retornábamos, o los disfrutábamos.

Yo juraba que traía una maleta llena de sueños, pues les cuento que cuando llegué aquí y abrí mi maleta, estaba vacía. Sí señor, los miedos durante el camino habían arrojado todo, supongo que por la ventana del avión, el hecho es que al llegar aquí no tenía sueños, no tenía planes. No sabía qué hacer, y lo mejor no era que no sabía qué hacer, sino que no sabía cómo hacerlo. Y yo pensando que allí estaba todo, al levantar la mirada me conseguí con toda mi familia mirándome y esperando que yo les dijera qué haríamos, pues sí, todos apostaban por mí. Yo lideraba un barco donde no tenía idea de dónde estaba el timón.

En las noches lloraba en silencio y en el día me reía, pero como eso no era suficiente, al emprender mi viaje a los Estados Unidos, no lo hice solo con mi familia, no, me traje a mis vecinos y mis amigos. Sí, parte de mi zona de confort la arrastré conmigo (POR ELECCIÓN DE ELLOS). Eso llevó a que viviéramos catorce personas en una casa de tres habitaciones. Teníamos trabajos físicos bastante fuertes, por una paga que nos permitía cubrir los gastos básicos, y con un entorno de humildad repitiéndote que lo que un día fuiste ya no lo serás, que esa etapa que estabas viviendo sería la más alta que habías alcanzado, que de allí más nadie avanzaba.

Aunque no sabía cómo, ni dónde, ni por dónde, solo sabía que en un año y seis meses mi hijo se graduaría en la High school y comenzaría una carrera universitaria encaminado a la medicina. No sé cómo, pero eso un día sería una realidad. Recibíamos ayuda de alimento en la escuela y en las iglesias, de ropa, incluso de juguetes en las Navidades, pero la verdad en mí siempre hubo fe. Yo sabía que tendríamos un cambio, y a pesar de que muchos nos cuestionaban la decisión de emigrar, no nos dejábamos amilanar. Mi pasión por leer siempre me acompañó, y busqué allí el refugio a la constante pregunta que rondaba en mi cabeza: ¿qué haremos y cómo lo haremos? Por lo que comencé a leer, simplemente cambié el temario, ya no leía de la política de mi país, ya no leía novelas, no, ahora leía de inmigración en los Estados Unidos.

Con mis conocimientos no fue difícil entender las regulaciones, por lo que encontré otra pasión, la inmigración.

Inicialmente, en mis ratos libres, ayudaba a personas de manera gratuita a llenar formularios, pero mi pasión era tal que un pequeño teléfono, que era lo que tenía de diez dólares, se quedaba pegado en cada artículo, me quedaba leyendo hasta las cuatro de la mañana, hora en la que me tocaba levantarme para ir a arreglar a mis hijos a la escuela, para que mi esposo y yo saliéramos a trabajar. Pero no me cansé, al contrario, todos los días tenía muchas más ansias de llegar a casa, hacer todos los quehaceres y sentarme a leer la nueva pasión que había encontrado.

En ningún momento llegué a pensar que sería mi nuevo oficio. Cuando lo leía, lo estudiaba, no lo hacía por el lucro que podía obtener, no era mi medio de escape para no enfrentar que tenía un problema, el que mi hijo estaba próximo de ingresar a una universidad y que yo no sabía cómo lo enfrentaría, habiéndome preparado para un futuro espectacular, donde mi hijo podría alcanzar sus sueños, yo seguiría siendo plena y feliz con lo que hacía, y el resto de mi familia podría alcanzar cada una de las metas propuestas, ese era un escenario en mi país, pero ya no estaba allá, pues no sabía que mi refugio que era leer mi nuevo temario me tenía reservado todas las respuestas de todas las noches, que por temor no escuchaba.

Un buen día, en la mañana, mi hermano menor llegó con unas amigas diciéndome que las ayudara a preparar sus documentos de inmigración y que les cobrara. Yo, llena de miedo, no quería, y él me dijo que podía hacerlo, que era muy inteligente y lo lograría. Sus palabras me empujaron y así fue. Inicié como preparadora de documentos migratorios, mi vida cambió totalmente, fueron largas noches de miedos y alegrías.

Luego de ocho años de ese día, aún no paro de estudiar, aún paso las noches desvelada revisando lo que más me gusta, las páginas de inmigración. Nació CONSULTANTS MACA CORP, luego pasó a ser CONSULTANTS MACA LLC. Sigo estudiando de manera arrolladora, no me detengo, todos los días tengo algo que estudiar, ya no solo estudio por mí estudio por todos, instruyo no solo a mi personal, si no que brindo apoyo a todos el que se me acerca buscando una luz en este camino, de la misma forma ayudo a todo aquel que tiene el potencial para hacer de este arte su profesión, ayudo a reinventarse a todo aquel que quiere crecer profesionalmente en este mundo de inmigración, de los impuestos, de cuentas, administración y un sinfín porque me he diversificado de manera de no solo cumplir mis sueños, sino cumplir los sueños de otros, y no por obligación, sino porque me gusta, me apasiona, yo sigo peleando con el idioma, ese es otro punto en el que todavía me enfrento en este país (MI MONSTRUO MÁS GRANDE QUE ME PERSIGUE TODAS LAS NOCHES).

No solo me quedé en esa área, no, me volví empresaria en este país, por lo que tengo diferentes inversiones. Continúo como preparadora de documentos migratorios, pero mi empresa se amplió y hacemos muchas otras cosas en diferentes áreas. A su vez, por la pasión de mi hijo con la medicina, invertimos en la salud de este país, y tenemos dos clínicas de conductas, las cuales me encantan porque es para la atención del adulto mayor, y me recuerdan mucho a mi abuela.

Mi hijo estudia medicina. Nos llevó un tiempo entender todo lo que era el proceso universitario de este país, complejo mientras lo entiendes, luego ya fluye. Mi hijo menor ya en doceavo de *high school*, próximo a salir, y dice continuar su carrera por la administración, espero verlo hecho realidad; adopté una niña que ya es una mujer, la cual hoy sigue mis pasos y quiere ser abogada, mi esposo siempre conmigo apoyándome en cada uno de mis proyectos y manteniéndome cuerda; mi madre la administradora de no solo mis finanzas, sino la de mis sueños y de todos los proyectos, mi fiel compañera, ella también tiene una linda historia que otro día con un café la conversamos, allí también le hemos dado un giro a esa etapa. Y en toda narración le cuento de ese fabuloso mundo que descubrí como empresaria.

Me recordó lo viva que estoy y por qué nunca debemos de olvidar de dónde venimos para que siempre sepamos a dónde vamos. También invertí en el área de las entregas en este país, gran negocio, con este lado apoyé a mis hermanos (aunque el mundo era desconocido, era el área donde mis dos hermanos soñaban crecer, pues allí trabajaban, por lo que mi mamá, mi esposo y yo decidimos apoyarlos) y les cuento que es un área que también me hace feliz, ellos son felices.

Pero no todo mi mundo se basa en recibir, también me gusta dar. También tengo dos organizaciones, o lo que en nuestro país son fundaciones, si estas se encargan de apoyar al inmigrante, no le dan pescado, lo enseñan a pescar. El camino no siempre fue fácil, era cuesta arriba, había piedras, pero también flores. Los olores del pino me motivaban. Caminé duro, hubo días que me retrasé mientras lloraba, otros que la risa me impulsaba. Tuve muchos que me dieron la mano cuando estaba muy cansada, tuve otros que me empujaron, pero siempre alguien me tendió la mano y me dijo: levántate. Y así ha ido mi carrera, aún no termina.

Estudio en la Escuela de Derecho de San Diego, California, y me preparo para presentar la barra del colegio de abogados. Cuento con un equipo extraordinario, familia, amigos, entorno, lejos, cerca, siempre están para todo lo que se me ocurre, unas ideas no tan buenas, otras fabulosas, pero sé que tengo un equipo que me hace barra y que diariamente me dice: vamos bien y estaremos mejor.

Mi camino ha sido cuesta arriba, pero estando en la cima, sé que la vista será genial, no todo ha sido color de rosa, hay momento que decaigo, que la añoranza me arropa, otros donde siento un gran impulso, hay día como todo en la vida que las cosas no van como quisiera, pero siempre me repito que los planes de Dios siempre son mejor que los nuestros, y que él no siempre nos da lo que queremos, sino que nos pone en nuestro camino lo que necesitamos.

Arthur llegó a la adolescencia y esto ha resultado todo una montaña rusa, un sube y baja de emociones, la cultura de aquí ha resultado el centro de su vida y yo soy venezolana, aún le lanzo la chancleta para llamarle la atención, le pego dos gritos y le digo que esto es una dictadura que no fui a elecciones para ser su mamá. Mi esposo y yo tenemos un sistema de crianza bien al estilo venezolano, su hermano mayor le dice que en nuestra casa sin poner resistencia se vive mejor, les repito todos los días que la única herencia que les tengo son los estudios y los principios que les doy, pero hoy después de casi una década les digo que la pintura con la que llegue debajo del brazo en blanco y negro hoy toma color, que ha valido la pena, ¡sí!

He visto muchísimas personas abandonar el barco, porque el país les parece arrollador, he visto muchas marcharse del plano terrenal en la distancia, nos ha tocado dar el último adiós a familiares por la pantalla de un teléfono, y tener grandes celebraciones de la misma forma, he visto a familias desintegrarse, pero también he visto a grandes familias crecerse ante la adversidad, he sumado familia en este camino ya no somos catorce, ya en Navidad podemos llegar a ser más de setenta, con todos los niños que tenemos ponemos nuestra propia escuela, tenemos todas las edades, adultos mayores que tiene muchos nietos, unos de sangre, otros de vida, pero siempre con nuestras culturas la sabiduría del anciano la llevamos al más joven.

Enseñamos a nuestros jóvenes a respetar, querer y cuidar a nuestros ancianos ellos son lo que nos queda de Venezuela y de nuestras raíces, le exigimos desde el más pequeño hasta el más grande que pidan bendición, que le den la silla al adulto, pero sobre todo que me alcancen la COSA, ESA EL PEROL, ESTE MUCHACHO QUE NO VE NADA, si así mismo, sigo siendo venezolana de corazón, con costumbres venezolanas y ahora americana, celebro *Halloween*, y el *thanksgiving*, pero la rumba del 24 de diciembre no nos falta, hacemos hallacas y ensalada de gallina, pero respeto el memorial Day.

En conclusión unifiqué dos culturas tomé lo más importante de ambas, y me crecí en la adversidad que la vida me planteó, respeto a este país con todas sus normas y regulaciones, aun las que me parecen impropias en mi interior, de la misma forma las respeto y enseño a los míos que lo hagan me ha funcionado. Y pienso que este testimonio podría ser un ejemplo de vida, toma lo que te funcione y si gusta pasa el rato riéndote de los que no.

Olaida Montilla

"Los cuentos de hadas no le dicen a los niños que los dragones existen. Ellos ya saben que existen. Los cuentos de hadas les enseñan que pueden vencerlos"

G.K. Chesterton

Andreina Vargas

Crecer con Andreina Vargas ha sido uno de los mayores regalos que la vida me ha dado. Su historia y su determinación me han inspirado profundamente, y me siento afortunada de tenerla en mi vida. Andreina es madre soltera de dos niños con condiciones especiales: el mayor, de 13 años, tiene síndrome de Asperger, y la menor, de 12 años, tiene condiciones motoras y nació con un tumor cerebral. En 2018, Andreina tomó la valiente decisión de emigrar, buscando mejores soluciones médicas para sus hijos. A través de su increíble travesía, atravesó fronteras sola con sus dos hijos, enfrentando innumerables desafíos con una fuerza y un coraje que pocas personas poseen.

Andreina es una madre extraordinaria. A pesar de las dificultades, siempre está ahí para sus hijos, brindándoles una atención y un amor incondicional. Sus hijos, a pesar de sus condiciones, son niños brillantes y felices, gracias en gran parte a la dedicación y el cuidado de su madre. No sé de dónde saca tanto tiempo y energía para atender a sus hijos, pero siempre lo hace con una sonrisa en el rostro. La dedicación de Andreina a sus hijos es sorprendente y me inspira a ser una mejor persona cada día.

Desde que emigró, Andreina ha tenido que enfrentar muchos retos. Aunque es enfermera de profesión, el idioma y otros obstáculos le han impedido incorporarse plenamente a su área. Sin embargo, esto no la ha detenido. Ha trabajado en diversas oficinas en áreas administrativas, demostrando su capacidad de adaptación y su disposición para hacer lo que sea necesario para proveer a su familia. Su espíritu de lucha y su capacidad para superar cualquier adversidad son admirables.

A pesar de estar sola en un país nuevo, Andreina ha logrado un crecimiento personal impresionante. Ha aprendido a manejar su tiempo de manera excepcional, distribuyendo sus días entre el cuidado de sus hijos, su trabajo, y las tareas del hogar. Incluso ha encontrado la forma de traer a este país a sus padres y hermanos, creando una red de apoyo familiar que le ha permitido seguir adelante con más fuerza. Su capacidad para balancear todas estas responsabilidades es asombrosa y me motiva a mejorar mi propia gestión del tiempo y prioridades.

Uno de los mayores logros de Andreina ha sido la compra de una vivienda para sus hijos en este país. Lograr esto sola, mientras atiende a sus hijos y trabaja, es un testimonio de su determinación y capacidad de sacrificio. Este hogar no es solo un refugio físico, sino también un símbolo de todo lo que ha conseguido para ofrecer una vida mejor a sus hijos. Ver cómo Andreina ha construido esta vida para su familia me llena de admiración y respeto.

A pesar de todas sus responsabilidades, Andreina siempre encuentra tiempo para disfrutar de la vida con su familia. Le encanta reír, bailar y cantar, y estos momentos de esparcimiento son cruciales para su bienestar emocional y el de sus hijos. Su habilidad para encontrar alegría en medio de las dificultades es una lección valiosa para todos nosotros. Andreina nos muestra que, no importa cuán difícil sea la vida, siempre hay espacio para la felicidad y la celebración.

Para mí y mi familia, Andreina ha sido una pieza fundamental. Su apoyo incondicional y su ejemplo de fortaleza y resiliencia han sido esenciales en mi evolución como persona y profesional. Andreina no solo ha sido una amiga leal, sino también una guía y una fuente constante de inspiración. Su experiencia como inmigrante y madre soltera me ha enseñado la importancia de la perseverancia y el valor de nunca rendirse, sin importar las circunstancias.

Estoy convencida de que Andreina seguirá logrando grandes cosas. Su determinación y su capacidad para superar cualquier obstáculo le aseguran un futuro brillante para ella y sus hijos. La admiro profundamente y estoy emocionada por ver todo lo que logrará en los años venideros. Andreina es una prueba viviente de que, con amor, fuerza y determinación, es posible superar cualquier adversidad.

Andreina Vargas es un verdadero modelo a seguir. Su vida es un testimonio de la fuerza del espíritu humano y de lo que se puede lograr con determinación y amor. Me siento privilegiada de conocerla y de poder compartir su historia. Quiero presentarla a todos porque su historia merece ser contada y escuchada. Andreina es una inspiración no solo para mí, sino para todos aquellos que tienen la suerte de conocerla.

En conclusión, Andreina Vargas representa lo mejor del espíritu humano. Su fuerza, su amor incondicional por sus hijos, y su capacidad para superar cualquier adversidad son cualidades que me inspiran diariamente. Estoy profundamente agradecida por su amistad y su ejemplo, y espero que su historia continúe inspirando a muchos más. Conocer a Andreina y tenerla en mi vida ha sido un verdadero honor y una fuente constante de motivación y esperanza.

Olaida Montilla

Mi nombre es Andreina R Vargas Álvarez, soy venezolana, tengo 39 años de edad, de profesión Licenciada en Enfermería. Laboré durante muchos años tanto para el sector público como privado en mi país, desempeñando funciones desde el área preventiva hasta hospitalización, así como también me desenvolví dentro del Distrito Sanitario Sur Oeste como Enfermera Centinela y Enfermera Docente.

Salí de mi país por dos razones bastante fuertes. La primera, por una condición de salud de mis hijos; soy madre soltera desde que mi hijo mayor tenía un año y mi hija tan solo dos meses de edad. El mayor de mis hijos presenta Déficit de Atención, mejor conocido como TDAH, y la niña tenía una malformación arteriovenosa a nivel cerebral, además de retraso motor, lingüístico y cognitivo, esto debido a que a su vez presenta un síndrome poco común llamado Cri Du Chat. Esta situación conllevaba a que mi hija tuviese una irritación a nivel cerebral por lo que no descansaba por las noches.

La segunda razón, no menos importante, es la situación que se estaba desarrollando en mi país, donde la crisis social cada día se hacía más y más difícil para lidiar con esta problemática en vista de que no estaba, ni estuve, ni estaré de acuerdo con el régimen dictatorial que se desarrolla en mi país, ya que el pueblo es el principal afectado en esta situación.

Llegué a vivir frustrada porque no podía entender cómo, aun perteneciendo al sistema de salud de mi país, carecía de los recursos materiales para así proporcionarle al menos mejor calidad de vida principalmente a mi hija, quien se deterioraba a diario ante la presencia de las convulsiones que tenía, a causa de un tumor a nivel cerebral la cual fue descubierto desde su primer año de vida.

En reiteradas oportunidades se trató de intervenir pero debido a la falta del material médico quirúrgico que se necesitaba para realizar el procedimiento quirúrgico, se descartaba la posibilidad de que ella estuviera mejor. Cada intento fue realmente frustrante; ver que un hijo está cada día decayendo te hace vulnerable, como ser humano te haces tantas preguntas, te sientes atado de manos. El tener que estar preparado para asistir con la niña a cada consulta, terapia y estudios, era y sigue siendo algo desgastante, pero en realidad te da la satisfacción de que al menos ella ha avanzado.

Pasó un tiempo y hasta que un día su médico neurólogo me indicó que ya no había más que hacer por mi hija, prácticamente la desahució diciendo que ella con esa condición solo viviría hasta los siete años. Cuando la niña cumple los seis años, tomé la decisión de salir del país, motivada porque ya ni sus medicamentos anticonvulsivantes podía encontrar. El 1 de enero de 2018 la niña prácticamente duró todo el día convulsionando, y no hubo ningún centro asistencial ni público ni privado que pudiera estabilizar a mi hija en vista de que no se contaba con el material médico-quirúrgico, principalmente un jelco para poder cateterizar una vía y poderle administrar el medicamento que necesitaba.

También era lidiar con el proceso de mi hijo, ya que en mi país tampoco daban con el diagnóstico que él presentaba, fueron largos días y noches que pasaba de trasnocho, además estudiaba para culminar mi licenciatura. Me tocaba enfrentar muchas cosas, pero siempre tenía la fe y la esperanza de que todo iba a pasar, además de todo esto enfrentaba la situación de la separación de quien fue mi esposo, ni conté con su ayuda ni económica, ni moralmente para continuar con las responsabilidades de nuestros hijos. Sin embargo, esto no fue obstáculo para alcanzar mis metas personales, me he dedicado a buscar la estabilidad principalmente para mis hijos. El despegarme de mi ámbito familiar, el único apoyo incondicional que tenía para ese momento, no fue fácil, aún lo recuerdo y mis ojos se nublan con lágrimas, no obstante, debía salir adelante por mis hijos.

Llegué a Estados Unidos gracias a la ayuda financiera que me facilitaron familiares, emprendí mi camino junto a mis dos hijos, nadie dijo que sería fácil esta travesía, estaba supernerviosa por mis niños. Emprendí el viaje atravesando Colombia, justo en ese trayecto mi hija debido a su condición empezó con las convulsiones, para el momento contaba con sus medicamentos, pero lastimosamente en el transcurso del camino se terminó; busqué la manera de poder obtener otra vez el medicamento, pero no podía, ya que la prescripción médica que tenía era de Venezuela y no la aceptaban en Colombia, por lo que me aferré a Dios y le pedí que no fuese a convulsionar más hasta que llegara a Estados Unidos.

Hecha un manojo de nervios continúe el rumbo atravesé México y luego llegue hasta Estados Unidos, en donde ingresé a través de la frontera y además de eso, mi hijo presentaba amigdalitis, no contaba con medicamentos para bajarle la fiebre; sin embargo, al llegar le proporcionaron los cuidados, llamaron a mis familiares para notificarles que ya estábamos en suelo americano, jamás deje de contar con ese gran apoyo familiar, quien me abrió las puertas de su hogar y además de eso me orientó con el paso a paso que debía hacer principalmente para poder estar de una manera legal en este país, ya que me encontraba con algo totalmente desconocido para mí me refiero a lo que es la migración.

No puedo negar que al principio todo es muy fuerte debido a que no manejo el idioma (inglés) y no podía entender lo que me decían, no me podía expresar ni notificar las cosas; sin embargo, esto no fue una limitante, principalmente para asistir a los centros asistenciales en busca de mejorar la salud de mi hija. Me tocó guardar mis conocimientos en el área de la salud y empezar a buscar las opciones para trabajar y poder brindarle el sustento a mis hijos, luego de estar un tiempo junto a familiares decidí salir adelante y emprendí mi camino junto a mis hijos para vivir solos; como todo inicio fue muy fuerte enfrentar tantas cosas para poder sacarlos adelante, empezar desde cero, pero a pesar de todo tenía mucho optimismo, apostaba a que podía lograr grandes cosas en este país, aunque siempre teniendo claro que las cosas se ganaban no por suerte sino por esfuerzo y dedicación.

Me tocó en varias ocasiones llevarme a mis hijos para poder limpiar casas vacacionales, ya que no tenía quien pudiera cuidarlos, también trabajé en restaurantes, incluso lo hacía los fines de semana esto me permitía por lo menos mantenerme en un apartamento junto a mis hijos. Algo muy importante que he aprendido en Estados Unidos, es que debemos ser muy organizados en cuanto a la parte financiera, porque debemos hacer los pagos en fechas exactas y de no tener un control, pues no podríamos sobrellevar la situación.

Al poco tiempo de estar en este país inicié con los trámites para que mi hija fuese evaluada y poder proporcionarle los cuidados que necesitaba, mis hijos tuvieron mucha dificultad al iniciar sus estudios, ya que prácticamente en mi país no habían podido aprender nada además de esto, estando acá les tocó aprender el idioma; sin embargo, pese a sus esfuerzos no rendían lo suficiente por sus condiciones, por lo que agradezco altamente al colegio, que me hizo un llamado y me orientó a lo que debía hacer, pasarlo con los niños excepcionales, quienes son niños que presentan difículta bien sea para el aprendizaje o en su defecto para niños con discapacidades físicas. Al tiempo me tocó enfrentar la operación más riesgosa para mi hija y era para eliminar esa malformación arteriovenosa que se encontraba a nivel cerebral. Me he dedicado a la evolución de mis hijos, a brindarles todas las herramientas necesarias para que el día en que yo no esté ellos puedan defenderse.

Este país ha sido un lugar de aprendizaje y oportunidades, laboré en una empresa la cual entendían y comprendían mis horarios especiales, ya que tenía que estar al pendiente de buscar a mis hijos al colegio, ir hasta las terapias que recibía mi hija, trabajaba casi que los siete días de la semana, el tiempo fue pasando y pensaba que no trabajar más en la parte de la salud, lo veía tan inalcanzable, y pues esta es mi real vocación, se me dio la oportunidad de entrar a laborar en una agencia en donde cuidan a niños con condiciones especiales, en donde fue de gran aprendizaje para mí, ya que es algo totalmente diferente.

Aunado a esto fue de gran enseñanza, pues ninguno de los niños hablaba español, me tocó enfrentar el idioma y salir de mi zona de confort. Empecé a trabajar con estos niños, luego de un tiempo se me da una oportunidad más en donde era trabajar con adultos mayores, en donde no deje a un lado seguir instruyéndome y preparándome, realizando cursos en donde podía proporcionar mayores cuidados a los adultos mayores. También ingresé a estudiar Flebotomía sin dejar a un lado mis obligaciones, continuaba con la preparación, además de que me formé también dentro del cuidado de la piel y tomaba cursos de inglés dos veces a la semana.

El trabajar con los adultos mayores ha sido la experiencia más satisfactoria que he podido tener en este país, en cuanto a mi profesión, ya que a través de la práctica de la misma dentro de este Community Health pude observar muchas cosas que conllevaba a que el adulto mayor viviera en depresión, por lo que me propuse a través de actividades a darle a entender a esos adultos mayores que son útiles aún con la edad que tengan, por lo tanto, se motivaron para que empezaran con su cuidado físico y mental y posterior a ello se les proporcionó ideas de las que ellos podían tomar y aplicar en su vida cotidiana, se les dio herramientas que podían aplicar con el objetivo de sentirse útiles a pesar de su edad, además, también se trabajó todo en cuanto al manejo de las emociones.

El dedicar esta parte de mi vida en donde proporcionaba ayuda a estas personas me hizo cada vez más humana, me enseñó a valorar cada día más el hogar, la familia, padres, hermanos e hijos, recordar que la vida es solo un momento y aprender a disfrutarla a través de las enseñanzas de estos adultos fue una de las grandes experiencias que he vivido. Hoy por hoy asisto a visitarlos los motivo a mantener una vida saludable no solo a nivel físico sino también a nivel mental.

En conclusión, mi vida ha cambiado para mejor desde que llegué a este país, ya que anteriormente vivía con una ansiedad por el hecho de no contar con los recursos para proporcionarles a mis hijos una estabilidad; el llegar a este país me ha enseñado tanto a que cada cosa se obtiene con sacrificio, esfuerzo y dedicación, hoy por hoy me siento plena y satisfecha con las labores que desempeño a diario y siempre bendigo a quien me motivó a salir y en quien confié y siempre confiaré para salir adelante, no voy a decir que a veces no me invade el miedo, claro que sí, pero solo volteo hacia atrás y veo cuánto he recorrido... mis hijos son el único objetivo, el único fin y me doy ánimos para seguir adelante. Por eso, al ver el gran cambio que ha tenido mi hija y mi hijo y su evolución, me hace una mujer cada día más fuerte y sabia de los pasos que debo dar.

Me siento superorgullosa de mí misma porque muchas veces escuché la frase "tú no puedes", "tú te sientes autosuficiente". Hay muchas personas que con sus solas palabras hieren, diciéndome o recordándome: "tienes dos niños enfermos o con condición". Y cada vez que escucho eso, digo para mí misma que eso es lo que me ha impulsado. Eso no me ha agobiado, no me he detenido, he salido adelante sola con ellos, a cada uno de mi lado, proporcionándoles principios y valores de vida. No se imaginan el orgullo tan grande que siento al ver a mi hijo mayor que pudo alcanzar a tocar el violín, uno de los instrumentos de aire más difíciles de tocar, y él lo ha logrado. Me siento aún más orgullosa de mi hija porque me decían que no iba a caminar, y con la fe, constancia y dedicación, mi hija ya logra decir algunas frases y camina por sí misma. Aunque tenga físicamente doce años y mentalmente cinco años, siento la satisfacción de que es una niña educada.

Con esto solo quiero dar a conocer y a entender que, a pesar de los obstáculos que la vida cruce en tu camino, sí se puede salir adelante, con constancia, perseverancia y con la gran satisfacción de que sí se pueden alcanzar las metas propuestas. Pues yo me he topado con la gran oportunidad de adquirir mi casa propia, producto de mi esfuerzo y perseverancia.

Quiero dedicar estas palabras a expresar mi más profundo agradecimiento a quienes han sido el pilar fundamental en mi vida y en mi viaje de resiliencia y esperanza. En primer lugar, me agradezco a mí misma, Andreina Vargas, por la fuerza, el empuje y la fortaleza que he demostrado en los momentos más difíciles. Reconocer mis propios logros es crucial para seguir adelante con determinación.

A mis hijos, mis amados tesoros, quiero agradecerles por elegirme como su mamá. Ustedes son la razón por la que cada día encuentro fuerzas renovadas para enfrentar cualquier desafío. Su valentía, sus sonrisas y su amor incondicional me inspiran a ser una mejor persona y una mejor madre. No hay palabras suficientes para expresar lo agradecida que estoy por tenerlos en mi vida. A mis dos hijos, gracias por haberme escogido como su mamá y por iluminar mis días con su presencia.

A mis padres y hermanos, gracias infinitas por todo el apoyo que me han brindado. En los momentos de incertidumbre y dificultad, siempre estuvieron ahí para ofrecerme su hombro, su consejo y su amor. Su respaldo ha sido esencial para mantenerme firme y seguir luchando por un futuro mejor para mis hijos y para mí.

Quiero hacer una mención especial a mi hermana de la vida, Olaida Montilla. Tu apoyo incondicional, tu empuje y tu amistad han sido una luz en mi camino. Gracias por estar siempre presente, por tus palabras de aliento y por tu solidaridad. Tu fuerza ha sido contagiosa y tu amistad, invaluable.

A toda mi familia extendida, amigos y seres queridos, gracias por la ayuda y el apoyo que me han brindado en este arduo camino. Cada gesto de cariño, cada palabra de aliento y cada muestra de solidaridad han sido fundamentales para mantenerme en pie y seguir adelante.

Este agradecimiento es un pequeño reflejo de la inmensa gratitud que siento en mi corazón por todos ustedes. Gracias por ser parte de mi vida, por creer en mí y por ayudarme a seguir adelante. Juntos, hemos demostrado que no hay obstáculo insuperable cuando se tiene amor, apoyo y fe.

Con todo mi cariño y gratitud,

Andreina Vargas
"La fuerza no proviene de la capacidad física, sino de una voluntad indomable".
Mahatma Gandhi

Elianna Brito

Conocer a Elianna Brito antes de nuestra emigración fue una de las experiencias más enriquecedoras de mi vida, pero haber tenido la oportunidad de emigrar con ella fue aún mejor. Elianna no es solo una amiga, es una hermana de vida incondicional. Su presencia ha sido un pilar fundamental tanto en mi vida personal como profesional, y no puedo imaginar mi viaje sin ella a mi lado.

Desde el primer momento en que nos conocimos, Elianna mostró una fuerza extraordinaria. Es la clase de persona que te hace sentir valiosa y capaz en los momentos más difíciles. Su estímulo constante ha sido crucial para mí. Cada vez que he dudado de mis habilidades o me he sentido abrumada por los desafíos, Elianna ha estado ahí para recordarme lo fuerte y capaz que soy. Sus palabras de aliento y su confianza en mí han sido un faro de luz en los momentos más oscuros.

En su vida profesional, Elianna ha alcanzado un éxito admirable. Es una persona que se dedica con pasión y compromiso a todo lo que hace, y eso la ha llevado a ser reconocida en su campo. Su ética de trabajo y su determinación son inspiradoras. Elianna no solo se destaca por sus logros profesionales, sino también por cómo equilibra su carrera con su vida personal. Adora ser madre de dos bellos niños, a quienes dedica todo su amor y atención. Ver cómo maneja su vida profesional y personal con tanta gracia y eficacia es una lección diaria para mí.

Su relación con su esposo es otro aspecto maravilloso de su vida. Es evidente que él la ama sobre todas las cosas, pero lo que hace esta relación especial es el amor que Elianna ha alimentado y cultivado con dedicación. Juntos, forman un equipo sólido y amoroso que enfrenta la vida con una unidad envidiable. Este amor no solo se refleja en su familia, sino también en cómo Elianna interactúa con el mundo. Es una hija excepcional, una hermana invaluable, y una amiga única.

Emigrar con Elianna fue una bendición. Su experiencia y actitud positiva hacia la emigración han sido fundamentales para mi propia adaptación y evolución en este nuevo país. Ella ha representado una pieza fundamental en mi proceso de integración, ayudándome a ver las oportunidades y superar los obstáculos. Como gran emigrante, Elianna ha sabido combinar su capacidad de adaptación con un profundo respeto y amor por sus raíces, sirviendo de ejemplo y guía para todos los que la conocemos.

En mi evolución como profesional, Elianna ha sido un apoyo incondicional. No solo me ha motivado a seguir adelante en mis emprendimientos, sino que también ha sido mi socia en el mundo empresarial. Juntas hemos enfrentado desafíos, celebrado éxitos y aprendido de los fracasos. Su visión estratégica y su habilidad para gestionar situaciones difíciles han sido invaluables para el crecimiento de nuestros proyectos. Trabajar con ella ha sido una experiencia de aprendizaje constante, y su apoyo ha sido un pilar en mi camino hacia el éxito.

Elianna es, sin lugar a dudas, una amiga única. Su lealtad y su capacidad para estar presente en los momentos más importantes me han enseñado el verdadero significado de la amistad. Siempre ha sabido cuándo ofrecer un consejo, cuándo escuchar y cuándo simplemente estar ahí. Su empatía y comprensión hacen que cualquier problema parezca más manejable, y su sentido del humor aporta alegría incluso en los días más difíciles.

Como socia, Elianna ha demostrado ser excepcional. Su compromiso con nuestros proyectos y su capacidad para ver el panorama completo han sido clave para nuestro éxito. Juntas hemos construido una relación profesional basada en la confianza, el respeto y una visión compartida del futuro. Su habilidad para tomar decisiones difíciles y su disposición para asumir riesgos calculados han sido fundamentales en nuestro crecimiento. Elianna tiene una habilidad innata para identificar oportunidades y convertirlas en realidades tangibles, lo que ha sido una ventaja increíble en nuestros emprendimientos.

Para mí y mi familia, Elianna ha sido más que una amiga o socia; ha sido una guía y un apoyo incondicional. Su influencia positiva ha permeado cada aspecto de nuestras vidas. Gracias a su apoyo, he podido avanzar en mi carrera profesional, enfrentar los retos de la emigración y construir un futuro próspero para mi familia. Elianna ha sido un faro de esperanza y un ejemplo de cómo la tenacidad, el amor y la dedicación pueden superar cualquier obstáculo.

En conclusión, conocer a Elianna Brito y tenerla a mi lado en este viaje ha sido una de las mayores bendiciones de mi vida. Su fuerza, su inteligencia, y su amor han sido fundamentales para mi crecimiento personal y profesional. Ella es, sin duda, una persona excepcional, y me siento profundamente agradecida por su amistad, su apoyo y su amor incondicional. Elianna ha dejado una marca imborrable en mi vida, y estoy emocionada por todo lo que aún nos espera en nuestro camino juntas.

Olaida Montilla

Mi nombre es Elianna Nazareth Brito Torres, nací en la ciudad de Carúpano, Estado Sucre, Venezuela. Tengo treinta y cinco años y vengo de una familia pequeña pero grande de corazón, compuesta por seis integrantes: mi papá, mi mamá y tres hermanos. Desde temprana edad, estuve rodeada de amor y apoyo, lo que ha sido fundamental para mi desarrollo personal y profesional.

En mi país de origen, soy abogada de profesión. Tras años de dedicación y estudio, obtuve mi título de abogada y tuve el privilegio de trabajar como Asistente de Juez en el Circuito Judicial Laboral del Estado Carabobo, específicamente en la sede de Puerto Cabello. Trabajar en los tribunales laborales durante tres años fue una experiencia enriquecedora que me permitió crecer profesionalmente y comprender mejor el sistema judicial de mi país.

La situación política y económica en Venezuela comenzó a deteriorarse gravemente, dificultando la posibilidad de un futuro estable y próspero. La crisis afectó todos los aspectos de la vida diaria y nos obligó a tomar decisiones difíciles. La motivación principal para emigrar a Estados Unidos fue la búsqueda de un mejor futuro, tanto para mí como para mi familia. Mi novio en ese momento, que hoy es mi esposo, había emigrado unos meses antes y me animó a seguir sus pasos. Nos casamos poco después de mi llegada, ya que llevábamos casi nueve años de relación.

La decisión de emigrar también estuvo impulsada por el deseo de ayudar a mi familia desde el extranjero. Aunque el proceso de inmigración fue intimidante, tuvimos la suerte de contar con la ayuda de una persona confiable que nos guio y nos dio la confianza necesaria para llevarlo a cabo. A pesar de algunos momentos de tensión, el proceso se resolvió sin mayores complicaciones, evitando las experiencias traumáticas que muchas personas enfrentan debido a estafadores.

Llegar a Estados Unidos significó adaptarse a un sistema de vida completamente diferente. Cada día era un nuevo desafío financiero y emocional, pero con el apoyo de mi esposo y su familia, pudimos sobrellevar la situación. Vivíamos juntos, lo que hacía los días menos pesados y nos ayudaba a enfrentar los cambios con una actitud más positiva. Reíamos, compartíamos y nos apoyábamos mutuamente, lo que aliviaba el estrés del proceso de adaptación.

El mayor impacto del cambio fue, sin duda, de manera emocional. Alejarme de mi familia no fue fácil. Emigrar siempre conlleva decisiones duras que, de alguna manera, son puentes hacia nuevas oportunidades en la vida. Adaptarme a un nuevo idioma también fue un desafío significativo, ya que es esencial para la comunicación y la integración en una nueva sociedad.

Uno de los momentos más difíciles de mi vida fue tener a mi primer hijo, Matthew, lejos de mi familia. A pesar del amor y apoyo incondicional de la familia de mi esposo, anhelaba la presencia y el apoyo de mis padres y hermanos. Gracias a la tecnología, pude presentarle a mi hijo a través de videollamadas, pero no era lo mismo que tenerlos físicamente a mi lado. Matthew, que ahora tiene seis años, y mi hija Meghan, de un año, son los mayores tesoros de mi vida. Son mi motivación diaria para seguir adelante, incluso cuando la vida se pone cuesta arriba.

Con el tiempo, logré traer a mi familia a Estados Unidos. Mis padres, hermanos, sobrinos, primos y tíos se unieron a nosotros, sumando más de veinte personas a este nuevo capítulo de nuestras vidas. Tenerlos aquí ha sido un gran alivio y ha fortalecido nuestra red de apoyo.

Hoy en día, sigo trabajando en mi desarrollo personal y profesional. Aunque todavía no he podido ejercer como abogada en este país debido a la barrera del idioma y otros obstáculos, he encontrado trabajo en áreas administrativas que me permiten seguir creciendo y aprendiendo. Mi objetivo es, eventualmente, validar mi título y ejercer la abogacía aquí. Además, junto a mi esposo, estamos trabajando en iniciar un negocio en el área de los *deliverys*, un sueño que hemos tenido desde hace tiempo.

La emigración ha sido un viaje lleno de desafíos y aprendizajes. Adaptarse a una nueva cultura, aprender un nuevo idioma y enfrentar diferencias laborales ha sido parte de este proceso. Sin embargo, cada obstáculo superado ha sido una victoria que me ha hecho más fuerte y resiliente. Mis hijos, Matthew y Meghan, son mi razón para seguir adelante. Quiero que tengan un futuro lleno de oportunidades y que vean en mí un ejemplo de perseverancia y dedicación.

Continuamente me preparo y estudio, entendiendo que el aprendizaje es un proceso constante. Cada día trae consigo una nueva lección, y estoy comprometida a seguir creciendo y mejorando en todos los aspectos de mi vida.

No cambiaría nada de mi experiencia. Cada etapa ha sido un proceso y un aprendizaje que me ha moldeado en la persona que soy hoy. Agradezco a Dios por la vida y la salud que nos permite continuar en este viaje, y miro hacia el futuro con esperanza y determinación.

Quiero expresar mi más profundo agradecimiento a mis hijos, Matthew y Meghan, quienes son la luz de mi vida y mi mayor fuente de motivación. Gracias por darme la fuerza para seguir adelante cada día y por llenar mi vida de amor y alegría. A mi esposo, gracias por ser mi compañero incondicional, por apoyarme en cada paso de este viaje y por compartir conmigo todos los momentos, tanto los buenos como los difíciles. A mis padres y hermanos, gracias por su amor y apoyo constante, y por estar siempre presentes, incluso cuando la distancia nos separaba. A toda mi familia extendida, por su apoyo y por ser una red de amor y solidaridad que me ha ayudado a superar cada desafío.

A todos los inmigrantes que están luchando por encontrar su lugar en un nuevo país, quiero decirles que no están solos. La emigración es un viaje lleno de desafíos, pero también de oportunidades. Es un camino que requiere valentía, perseverancia y una gran dosis de esperanza. Cada día es una nueva oportunidad para aprender, crecer y acercarse a nuestros sueños.

No dejen que el miedo los detenga. Transformen cada obstáculo en una oportunidad para demostrar su fortaleza y capacidad de adaptación. Busquen apoyo en sus seres queridos y en la comunidad que los rodea. Recuerden que cada pequeño logro es un paso hacia adelante y una victoria que merece ser celebrada.

El camino puede ser difícil, pero no imposible. Con esfuerzo y determinación, es posible construir una vida llena de éxito y felicidad en un nuevo país. Mantengan siempre la fe en ustedes mismos y en sus capacidades. Sigan adelante, con la convicción de que están construyendo un futuro mejor para ustedes y sus seres queridos.

Cada uno de nosotros tiene una historia única y valiosa que contar. Compartamos nuestras experiencias, apoyémonos mutuamente y sigamos adelante con la frente en alto. Juntos, podemos superar cualquier desafío y alcanzar nuestros sueños.

Gracias a todos los que han sido parte de mi viaje. Su amor y apoyo han sido fundamentales en mi camino. Estoy agradecida por cada experiencia, cada lección y cada momento que ha contribuido a mi crecimiento y evolución. Sigamos adelante, con la certeza de que el futuro está lleno de posibilidades y oportunidades.

Con cariño y gratitud,

Elianna Nazareth Brito Torres
"El único límite para nuestra realización de mañana
serán nuestras dudas de hoy".
Franklin D. Roosevelt

Alicia Tosar

En el año 2014 conocí a Alicia Tosar, una chica que rápidamente se convirtió en una parte fundamental de mi familia. Desde el primer momento, Alicia fue acogida como una más del grupo familiar, y para mí, pasó a ser una hermana de vida. Nuestra relación se ha basado en el apoyo mutuo y en una profunda conexión, aunque no ha estado exenta de desafíos.

Alicia es una joven llena de potencial y con una inteligencia notable. Sin embargo, uno de los aspectos más difíciles de nuestra relación ha sido su constante necesidad de guía y consejo. Como una hermana mayor, siento la responsabilidad de orientarla y apoyarla, pero esta tarea ha sido complicada debido a su personalidad. Alicia es una persona que se cuestiona todo lo que hace, lo que la lleva a una parálisis constante. A menudo siente que si nadie le dice exactamente qué debe hacer, no puede avanzar. Esta inseguridad la frena y le impide tomar decisiones por sí misma.

Lo que hace esta situación aún más compleja es que, a pesar de su necesidad de consejo, Alicia no deja que nadie la asista verdaderamente. A veces, parece estar atrapada en un ciclo de duda y autocrítica que le impide aprovechar su enorme potencial. Esta dualidad en su comportamiento ha sido un reto constante para mí como su hermana mayor. Quiero ayudarla y guiarla, pero al mismo tiempo, respeto su necesidad de independencia y su derecho a tomar sus propias decisiones.

La paradoja de Alicia radica en su inmensa capacidad intelectual y su falta de confianza en sí misma. Es una persona que, a diferencia de muchas otras, tiene una mente brillante y una habilidad natural para aprender y adaptarse. Sin embargo, no cree en sus propias capacidades. Se pone límites a sí misma, dudando constantemente de sus habilidades y de su valor. Este autoescepticismo es su mayor enemigo y el obstáculo principal que debe superar para alcanzar su verdadero potencial.

He intentado muchas estrategias para ayudar a Alicia a ver su propio valor y a confiar más en sí misma. Hemos tenido largas conversaciones en las que trato de mostrarle todas las cualidades y habilidades que posee. Le he compartido ejemplos de sus logros y de cómo ha superado desafíos en el pasado, esperando que esto le dé una perspectiva más positiva sobre sus capacidades. Pero, a pesar de mis esfuerzos, Alicia sigue luchando contra sus propios miedos y dudas.

El reto de Alicia no está en su entorno ni en las oportunidades que tiene, sino en ella misma. Su batalla es interna, contra ese miedo que le impide creer en sus capacidades. Sin embargo, a pesar de estas dificultades, he visto momentos de avance y crecimiento en ella. Hay instantes en los que, impulsada por un destello de confianza, Alicia logra hacer cosas increíbles. Estos momentos son prueba de lo que puede lograr cuando supera sus dudas y se permite creer en sí misma.

Mi objetivo es seguir estando a su lado, brindándole el apoyo y el consejo que necesita, pero también fomentando su independencia y su autoconfianza. Quiero que Alicia se dé cuenta de que no necesita la aprobación constante de los demás para tomar decisiones y avanzar en la vida. Quiero que vea que su inteligencia y su capacidad son suficientes para enfrentar cualquier desafío que se le presente.

El camino no ha sido fácil y seguramente seguirá presentando obstáculos, pero tengo la firme convicción de que Alicia puede superar sus miedos y alcanzar todo su potencial. Ella es una persona excepcional, con una brillantez y una profundidad que son raras de encontrar. Si logra ver en sí misma lo que los demás vemos, no tengo dudas de que logrará cosas extraordinarias.

En resumen, conocer a Alicia y tenerla como parte de mi vida ha sido una experiencia enriquecedora y desafiante. Ella me ha enseñado mucho sobre la importancia de la paciencia, el apoyo incondicional y la fe en el potencial de los demás. Aunque el camino es difícil, sé que, con tiempo y perseverancia, Alicia encontrará la fuerza para creer en sí misma y dejará atrás sus miedos para convertirse en la persona increíble que está destinada a ser. Estoy orgullosa de ella y emocionada por ver todo lo que logrará en el futuro.

Olaida Montilla

Mi nombre es Alicia Berenice Tosar Cedeño, nací en la ciudad de Valencia, estado Carabobo, Venezuela. Tengo treinta años y provengo de una familia con buenos valores y una fuerte unión familiar. Tengo una hija de ocho años que es la luz de mi vida y la principal razón por la que decidí emigrar en busca de un mejor futuro. En mi país de origen, trabajaba como Auxiliar de Maestra de Maternal y estudiaba Derecho en la Universidad Arturo Michelena. Sin embargo, no pude finalizar mi carrera debido a la grave situación que se vivía en Venezuela.

En el año 2016, tomé la difícil decisión de salir de Venezuela. La crisis política y económica había llevado a muchos jóvenes a buscar oportunidades en otros países. La inseguridad, la falta de oportunidades y la persecución política que sufría el padre de mi hija nos obligaron a separarnos. Él logró salir primero, ya que tenía visa, mientras que yo seguía luchando para obtener la mía. Después de múltiples intentos fallidos para conseguir la visa, decidimos que la única opción viable era intentar entrar a Estados Unidos por la frontera y solicitar asilo.

Nuestro viaje comenzó con un vuelo a Ciudad de Panamá, donde pasamos una noche antes de volar a Tijuana, México. Al llegar a Tijuana, me dirigí al puerto fronterizo para solicitar asilo. Fue un viaje traumático, especialmente porque viajaba sola con mi hija de solo 9 meses. Al llegar al puerto fronterizo, nos indicaron que debíamos esperar. Pasamos varias horas sentadas en el piso, rodeadas de incertidumbre y miedo.

Finalmente, nos llevaron a un refugio llamado Ejército de Salvación. Allí pasamos tres días con otras mujeres y niños de diversas nacionalidades, todos con historias similares de huida y búsqueda de un futuro mejor. Aunque el miedo y la incertidumbre estaban presentes, la amabilidad del personal del refugio nos proporcionó un pequeño respiro.

Después de tres días, recibimos un número de turno para presentarnos nuevamente en el puerto fronterizo. Tras varias horas de espera, nos llevaron a un centro de detención de ICE. El trato en este lugar fue extremadamente duro. Nos quitaron todas nuestras pertenencias, incluyendo la comida para mi hija, y nos encerraron en una habitación pequeña y fría con muchas otras mujeres y niños. Pasamos dos días en condiciones deplorables, durmiendo en el piso y sin acceso a alimentos adecuados.

Cuando finalmente me llamaron para la entrevista de "miedo creíble", el trato fue deshumanizante y extremadamente estresante. Después de la entrevista, nos trasladaron a otro centro de detención. Allí, aunque las condiciones eran un poco mejores, la incertidumbre seguía siendo abrumadora. Nos colocaron un grillete con GPS en el tobillo para monitorear nuestros movimientos y nos liberaron bajo ciertas condiciones estrictas.

A partir de ahí, comenzamos el proceso legal para solicitar asilo. Desafortunadamente, contraté a un abogado que resultó ser un fraude. Pagamos grandes sumas de dinero, pero el abogado no se presentó a mi corte y envió a una sustituta que no conocía mi caso. Como resultado, mi solicitud de asilo fue negada. Intentamos apelar, pero cada paso fue una batalla llena de obstáculos y desilusiones.

Finalmente, decidimos cambiar de abogado varias veces, enfrentándonos a la incertidumbre y el miedo constante de ser deportadas. Después de una larga lucha, el gobierno de Estados Unidos otorgó el Estatus de Protección Temporal (TPS) a los venezolanos. Esto me permitió obtener un permiso de trabajo y un número de seguro social por primera vez, brindándome una esperanza renovada.

Inspirada por mis propias experiencias y las dificultades que enfrenté, decidí convertirme en preparadora de documentos migratorios. Mi objetivo es ayudar a otros inmigrantes a navegar por el complicado proceso migratorio y evitar que sufran los mismos errores y engaños que yo viví. A través de mi trabajo, he conocido muchas historias de sacrificio y valentía, y me esfuerzo por brindar el apoyo y la asesoría necesaria para que otros puedan alcanzar sus sueños en este nuevo país.

Además de mi trabajo como preparadora de documentos migratorios, inicié un emprendimiento llamado "AliMarquesa", donde preparo y vendo marquesas. Este negocio me ha permitido combinar mi amor por la repostería con mi deseo de ofrecer un producto de calidad. Aunque estamos comenzando, tengo muchos proyectos y metas para el futuro. La vida como emprendedora ha sido desafiante pero extremadamente gratificante.

A pesar de las dificultades, sigo creciendo como persona y aprendiendo cada día. Todavía lucho con el idioma, pero cada día doy un paso más hacia la integración completa. Mi vida hoy es más tranquila, y aunque el camino ha sido duro, tengo mucho optimismo y una gran capacidad para reír y disfrutar de la vida. No me gusta estar sola, y el apoyo de mi comunidad y mi familia adoptiva ha sido fundamental.

Quiero expresar mi más profundo agradecimiento a mi hija, que es mi mayor inspiración y motivo de lucha. A todas las personas que han creído en mí y me han apoyado en este camino, especialmente a Zaida Álvarez, mi mamá adoptiva de la vida, que siempre ha estado a mi lado cuidándome y brindándome su apoyo incondicional. También quiero agradecer a mis padres y mi hermano, a quienes apoyo desde aquí, y a mis amigos que, aunque están lejos, siempre están presentes en mi corazón.

A todos los inmigrantes que están pasando por momentos oscuros, quiero decirles que no están solos. La emigración es un camino lleno de desafíos, pero también de oportunidades. Cada día trae consigo una nueva oportunidad para aprender y crecer. No dejen que el miedo los detenga; transformen cada obstáculo en una oportunidad para demostrar su fortaleza y capacidad de adaptación.

He tenido que despedir a seres queridos desde la distancia y enfrentar la enfermedad de mi tía, pero a pesar de todo, sigo adelante con la esperanza de un futuro mejor. Apoyo económicamente a mi familia y amigos en situaciones precarias, y cada día encuentro motivos para seguir luchando.

Recuerden que cada pequeño logro es una victoria que merece ser celebrada. Mantengan siempre la fe en ustedes mismos y en sus capacidades. Sigan adelante, con la convicción de que están construyendo un futuro mejor para ustedes y sus seres queridos. Cada uno de nosotros tiene una historia única y valiosa que contar. Compartamos nuestras experiencias, apoyémonos mutuamente y sigamos adelante con la frente en alto. Juntos, podemos superar cualquier desafío y alcanzar nuestros sueños.

Con cariño y gratitud,

Alicia Berenice Tosar Cedeño
"El éxito es la suma de pequeños esfuerzos repetidos día tras día"
Robert Collier

Aixela Antequera

Mi amistad con Aixela Antequera es una de esas conexiones que enriquecen la vida de maneras inimaginables. Desde que la conocí, su humanidad y capacidad para atender a los más necesitados me han impresionado profundamente. Aixela no solo es extremadamente atenta, sino que también tiene una paciencia y dedicación que la hacen destacar en cualquier entorno. Su habilidad para entregar su tiempo y esfuerzo a los demás es admirable y rara vez vista con tanta autenticidad y compromiso.

Aixela es la personificación de la empatía y la compasión. Tiene una forma única de hacer sentir a cada persona especial y valorada. No importa quién seas o cuáles sean tus circunstancias, Aixela siempre encuentra la manera de ofrecer su apoyo de manera desinteresada. Su entrega hacia los demás no conoce límites; cada miembro de su comunidad es considerado parte de su familia. Valora a cada individuo, los aprecia sinceramente, los ayuda sin esperar nada a cambio y los motiva con su ejemplo de vida.

Esta capacidad para conectar con las personas también se extiende a su vida profesional. Aixela se ha reinventado como profesional, demostrando una increíble capacidad de adaptación y crecimiento. En cada rol que ha asumido, su humanidad ha sido el eje central de su labor. Sea cual sea su trabajo, siempre lo realiza con un profundo sentido de responsabilidad y compasión, buscando no solo cumplir con sus obligaciones, sino también hacer una diferencia positiva en la vida de los demás.

En el ámbito personal, Aixela es una madre y esposa abnegada. Su dedicación a su familia es absoluta, y su amor incondicional es la fuerza que sostiene a sus seres queridos. Como madre, es atenta y cariñosa, siempre dispuesta a hacer sacrificios por el bienestar de sus hijas. Como esposa, es comprensiva y solidaria, ofreciendo su apoyo en cada momento. Su rol en la familia se extiende más allá de los lazos sanguíneos, actuando también como una hermana e hija excepcional, siempre presente y dispuesta a ayudar.

Nuestra amistad es un tesoro que valoro profundamente. Como amiga, Aixela es extraordinaria. Siempre está ahí para escuchar, brindar su consejo y ofrecer su apoyo incondicional. Su presencia en mi vida ha sido un faro de luz, especialmente en los momentos más oscuros. Su capacidad para entender y ofrecer consuelo es algo que he llegado a apreciar enormemente. Su ejemplo de vida me ha inspirado a ser una mejor persona y a valorar más profundamente las relaciones humanas.

Aixela tiene una forma única de hacerme sentir valorado y apreciado. Sus palabras y acciones siempre reflejan un profundo respeto y amor, no solo hacia mí, sino hacia todos los que tienen la suerte de conocerla. A ambas nos ha tocado atender situaciones imprevistas de terceros, en las cuales podríamos haber decidido no intervenir. Sin embargo, en nuestra conexión, es algo que nunca hemos podido hacer. Cada asunto que tomamos en nuestras manos tiene un valor incalculable; asistir a estas personas para que puedan resolver o al menos llevar un poco de luz a su vida es de suprema necesidad para nosotras.

Cada conversación con Aixela es enriquecedora, cada momento compartido es significativo. Su manera de ver la vida y de enfrentar los desafíos me ha enseñado mucho sobre la resiliencia, la empatía y la importancia de estar presente para los demás.

En resumen, Aixela Antequera es una persona extraordinaria en todos los sentidos. Su humanidad, dedicación y amor hacia los demás son un ejemplo que todos deberíamos seguir. Su capacidad para reinventarse como profesional, su abnegación como madre y esposa, y su excepcionalidad como amiga hacen de ella una persona verdaderamente especial. Tenerla en mi vida es un privilegio inmenso, y su influencia ha dejado una huella indeleble en mi corazón. Estoy profundamente agradecido por su amistad y por cada lección de vida que me ha enseñado.

Olaida Montilla

Mi nombre es Aixela Antequera, nací en Caracas pero me crie en Valencia, estado Carabobo, Venezuela. Tengo cuarenta y dos años y vengo de una familia trabajadora que siempre se esforzó por ofrecer una vida cómoda y segura a sus hijos. La prioridad siempre fue la educación, el respeto y la responsabilidad.

En Venezuela, me formé como Ingeniero Químico, egresada de la Universidad de Carabobo en el año 2005. Ejercí mi profesión en empresas del ramo farmacéutico y de consumo masivo, tales como Pfizer, Johnson & Johnson, Laboratorio La Santé y Kimberly Clark. Me especialicé en el área de Supply Chain, en la cadena de suministro de materias primas y productos terminados, así como en la planificación de producción como Ingeniero de Procesos.

Uno de mis logros destacados fue haber contribuido al mejoramiento de la planta de tratamiento de aguas residuales La Mariposa en Valencia. Tras un detallado estudio y análisis de las muestras recolectadas, identifiqué contaminantes específicos y sus concentraciones, lo que permitió implementar mejoras precisas en los procesos de tratamiento de la planta. Estas mejoras dieron como resultado una mayor eficiencia en la eliminación de contaminantes, reducción de residuos y un mejor cumplimiento de las normativas ambientales. Consecuentemente, se logró una mejora significativa en la calidad del agua tratada, beneficiando tanto al medio ambiente como a la salud pública de la comunidad.

Con mi corazón lleno de esperanza y determinación, tuve la valentía de decidir abandonar mi tierra natal, buscando un futuro donde mi hija pudiera crecer sin miedo y con las oportunidades que ella merece. A pesar del dolor de dejar atrás nuestras raíces, tomé esta difícil decisión para escapar de la opresión de un régimen dictatorial y comunista que amenaza a diario la libertad y bienestar de millones de venezolanos. Mi deseo ardiente de proporcionar una vida digna, con acceso a productos básicos y un entorno seguro, me impulsaron a enfrentar lo desconocido, confiando en que el sacrificio de hoy aseguraría un mañana mejor para mi familia.

Decidí mudarme a Estados Unidos para permanecer cerca de mi hermano y mantener a mi hija unida a sus primos. Pensé que juntos fortaleceríamos nuestros lazos familiares. Además, elegí este país porque lo considero una tierra de oportunidades, dispuesta a enfrentar cualquier sacrificio necesario, incluyendo la exploración de nuevas áreas de trabajo, con el objetivo de lograr la estabilidad y bienestar de mi hogar.

Llegué a Estados Unidos con visa de turista en enero de 2016. Luego, inicié un proceso de asilo político por haber sido miembro activo en el partido AD. Mi estado emocional jugó un papel importante en la transición del proceso. Mi esposo, mi hija de cuatro años y yo llegamos con muy bajos fondos económicos, pero con una determinación inquebrantable y una mezcla de miedo y esperanza. Siempre la acción fue trabajar y ahorrar, por más bajo que fuera el salario.

A pesar de la incertidumbre y el estrés inicial, siempre encontré fortaleza en que la voluntad de Dios me llevaría a donde estoy hoy. Ha sido Él quien, con su inmenso amor, alimentó mi espíritu de perseverancia y resiliencia. Llegamos a la casa de mi hermano y viví con él y su familia durante tres meses. Nos brindaron un espacio en la esquina de su sala para quedarnos en un colchón inflable, gesto que aún agradezco. Inicialmente, trabajé limpiando casas con una empresa, la cual no me pagó la última semana de trabajo.

En abril de 2016 me mudé a Kissimmee y trabajé como *housekeeping* durante cinco meses. Luego, la necesidad de un mejor horario para atender a mi hija me hizo cambiar de oficio y trabajé en un *laundry* durante siete meses. El horario era perfecto, pero sentía que estaba perdiendo un tiempo valioso porque era un oficio poco retador para mis capacidades. Decidí trabajar como cajera en Walmart, lo que me ayudó mucho a practicar el inglés. Posteriormente, trabajé en el centro de distribución de CVS, pero al quedar embarazada de mi segunda hija, necesité tomar reposo absoluto para proteger su salud. Fue entonces cuando hice Uber para no dejar a mi esposo solo con la responsabilidad financiera. Fue en ese momento más difícil que todo empezó a cambiar para bien en mi hogar.

Estando de reposo, estudié para certificarme como asistente dental. Buscaba una oportunidad laboral donde pudiera tener mejor remuneración y un horario flexible para atender a mis dos hijas. En paralelo, empecé a estudiar para sacar la licencia de agente de seguros. Así que, una vez que había sacado ambas certificaciones, trabajé en las dos áreas en paralelo.

En 2019, posterior a un año de tener dos trabajos, llegó el COVID-19, y fue entonces cuando mi cartera de clientes creció luego de que la necesidad de atención médica concientizara a muchos sobre la importancia de tener un seguro médico. Desde 2020, me dediqué 100 % a ejercer como agente de seguros y saqué dos licencias más que me permitieron establecerme como agencia y ofrecer mayores servicios a mis clientes.

Si hay algo en lo que siempre he pensado, es en aprovechar el tiempo. Así que, luego de dedicarme a establecer mi agencia, decidí sacar otra licencia en 2021 y me convertí en *realtor*. Al día de hoy, ejerzo dos carreras que me han permitido ayudar a muchas familias y, en especial, estabilizar la mía.

El mayor impacto para el proceso de establecernos fue el manejo de horarios laborales con el horario de estudio de la niña. Sin embargo, nunca dejamos de trabajar ambos. Ciertamente, manejábamos turnos que sacrificaban el espacio de compartir en familia, pero siempre supimos que algo mayor sucedería para alcanzar la libertad en horario que necesitaríamos para estar más tiempo juntos. Fueron meses de sacrificio pero de preparación en paralelo para tiempos mejores.

Considero que todo este proceso trajo cambios importantes en mi vida, y uno de ellos es el acercamiento a Dios que me permitió conocer de cerca su gracia al concedernos tantas bendiciones y fortaleza en los momentos más difíciles. Dios se ha encargado de colocar en nuestro camino a personas maravillosas que nos brindaron su apoyo, así como también ha colocado a personas que han necesitado de nuestro apoyo y lo hemos brindado de la misma forma como en algún momento nosotros lo hemos recibido. Porque de eso se trata la vida: de recibir y dar según la voluntad de Dios.

Hoy en día, somos una pareja que tiene nuestras propias empresas. Trabajamos más que al principio porque la responsabilidad es mayor, pero estamos juntos los cuatro y nos brindamos el tiempo como familia según nuestra necesidad.

Si me tocara cambiar algo del proceso, no cambiaría nada, porque cada barrera u obstáculo me ha servido para aprender y mejorar. Pienso que la clave del éxito es batear sin importar cómo te lancen la bola, y utilizar la experiencia y disciplina a favor de cambios que se ajusten a las circunstancias del momento. Amo la ingeniería, pero tengo un don aparte de mi capacidad analítica, y se llama vocación de servicio. Hoy por hoy, hago lo que me gusta y vivo de eso.

Quiero expresar mi más profundo agradecimiento a todas aquellas personas que me inculcaron las bases y el apoyo en mi formación, permitiéndome convertirme en una mujer luchadora y de temple. Gracias a su sabiduría, paciencia y cariño, hoy puedo enfrentar los obstáculos y dificultades con determinación y fortaleza. Su influencia ha sido fundamental en mi camino y siempre llevaré su ejemplo en mi corazón: mis abuelos que me criaron, mis tíos, mi hermano y mi esposo.

Aixela Antequera
"Sirve al prójimo como si sirvieras a Dios".

JonnyMoran

Conocí a Jonny Moran cuando buscó mi ayuda para el llenado de sus documentos migratorios. Desde el primer día, hicimos una conexión instantánea. Su personalidad me impactó profundamente; Jonny es una persona que siempre ve el lado positivo de las situaciones, pero también es muy dedicado y enfocado en lo que hace. Me llamaba a todas horas del día para asegurarse de que todo estuviera en orden, y aún sigue haciéndolo. Siempre ha mostrado una gran preocupación por su vida y por la de su pareja.

Ambos hemos trabajado juntos para ayudar a muchas personas en nuestro entorno. Nuestro objetivo común es que todos tengan la capacidad de adaptarse a este país, aprovechando sus conocimientos y experiencias. Jonny ha demostrado ser una persona comprometida no solo con su propia adaptación, sino también con la de aquellos que lo rodean, creando un impacto positivo en la comunidad.

Conocer a personas como Jonny Moran ha tenido un impacto significativo en mi vida, tanto a nivel personal como profesional. Desde el primer momento en que lo conocí, su actitud positiva y su enfoque dedicado me inspiraron profundamente. Jonny es una persona que siempre busca ver el lado positivo de cualquier situación, lo que me ha enseñado a enfrentar los desafíos con una mentalidad optimista y resiliente. Su forma de ver la vida ha influido en mi perspectiva, ayudándome a encontrar oportunidades en medio de las adversidades.

La dedicación de Jonny a su trabajo y su vida personal también me ha dejado una huella imborrable. Su constante preocupación por hacer las cosas bien y su atención meticulosa a los detalles me han motivado a ser más meticulosa y comprometida en mis propias tareas. Su capacidad para mantenerse enfocado y persistente, incluso cuando las circunstancias son difíciles, me ha mostrado la importancia de la perseverancia y el esfuerzo constante. Jonny me ha enseñado que el éxito no siempre viene fácil, pero que con dedicación y trabajo arduo, cualquier meta es alcanzable.

Además, la preocupación genuina de Jonny por su vida y la de su pareja ha resaltado para mí la importancia de mantener un equilibrio entre la vida profesional y personal. Su ejemplo me ha recordado que, aunque el trabajo es importante, cuidar de nuestros seres queridos y de nosotros mismos es esencial para una vida plena y satisfactoria. La forma en que Jonny se dedica a su pareja y se asegura de que ambos estén bien me ha inspirado a valorar y nutrir más mis propias relaciones personales.

Juntos, Jonny y yo hemos trabajado para ayudar a muchas personas en nuestra comunidad, lo cual ha sido una experiencia sumamente gratificante. Ver su compromiso con el bienestar de los demás me ha motivado a ser más proactiva en mi propia labor de apoyo a la comunidad. Jonny siempre busca formas de utilizar sus conocimientos y experiencias para ayudar a otros a adaptarse a este país, y esto me ha impulsado a hacer lo mismo. He aprendido que compartir nuestras habilidades y experiencias no solo beneficia a los demás, sino que también enriquece nuestras propias vidas.

En definitiva, personas como Jonny Moran aportan un valor incalculable a mi vida. Su optimismo, dedicación y compromiso con los demás me han inspirado a ser una mejor persona y profesional. Me han enseñado a enfrentar la vida con una mentalidad positiva, a trabajar con diligencia y a valorar las relaciones personales. A través de nuestra colaboración y amistad, he aprendido que el verdadero éxito no solo se mide por logros personales, sino también por el impacto positivo que podemos tener en la vida de los demás. Jonny ha sido un modelo a seguir y una fuente constante de inspiración, y estoy agradecida por la oportunidad de haberlo conocido y de seguir aprendiendo de su ejemplo cada día.

Sin más preámbulos, les presento a Jonny Moran.

Olaida Montilla

Mi nombre es Jonny Antonio Moran Barboza, originario de Maracaibo, estado Zulia, Venezuela. Tengo cuarenta y dos años y vengo de una familia con valores y principios conformada por mis padres, Jonny de Jesús Moran (difunto) y Maria Eugenia Barboza, y mis tres hermanos: Maria Betsabe, Jesus Gabriel y Elio Antonio.

En mi país de origen, me gradué de Contador Público en el año 2005 y de Licenciado en Educación en la Universidad Bolivariana de Venezuela. Trabajé como Auditor Fiscal en la Alcaldía del Municipio La Cañada de Urdaneta desde el 28 de noviembre de 2005 hasta el 7 de enero de 2009. Desde el 8 de enero de 2009 al 31 de mayo de 2016, desempeñé el cargo de Auditor Interno en la Fundación Cuerpo de Bomberos de La Cañada de Urdaneta. Conjuntamente, impartía clases en el Liceo Nocturno Luz Pulgar de Montiel del Ministerio del Poder Popular para la Educación desde el 1 de enero de 2009 al 15 de julio de 2019, y en la Unidad Educativa Privada Presbítero Miguel Ángel Ortega desde el 16 de octubre de 2012 hasta el 28 de octubre de 2014.

Salí de mi país el 28 de febrero de 2018 hacia Argentina, llegando el 1 de marzo como consecuencia del acoso político y por discriminación sexual. En Buenos Aires, trabajé como ayudante en una tienda textil durante un mes y luego como cajero en un restaurante llamado Las Cholas. En poco tiempo, fui ascendido al cargo de encargado. Durante ese tiempo, se avecinaban las elecciones presidenciales, donde el partido de izquierda tomaba fuerza y repuntes en las encuestas. Hubo mucho fanatismo en las calles de Buenos Aires, donde agredían a todos los opositores.

El 22 de abril de 2019, sufrimos acoso por llevar una gorra con la bandera de Venezuela, y nos dijeron que éramos "escuálidos de mierda" y que debíamos regresar a nuestro país, donde gobernaba un "buen presidente" como Nicolás Maduro. En otra oportunidad, sufrimos nuevamente acoso el 30 de abril de 2019 durante una concentración convocada por Juan Guaidó frente a la Embajada de Venezuela en Buenos Aires. El 2 de mayo contraje matrimonio con mi pareja, Geraldo Antonio Finol Parra.

Nuestros corazones seguían en nuestra amada Venezuela, un lugar al que no podíamos regresar debido a la persecución que se intensificaba cada día más, tanto al ciudadano común como a nosotros los funcionarios públicos, siendo tildados de traidores a la patria. Por todo lo antes expuesto, decidimos salir de Argentina y buscar un lugar seguro donde no corriéramos peligro por ser homosexuales ni acosados políticos, y donde se cumplieran las leyes y los derechos humanos. Decidimos venir a Estados Unidos motivados por la seguridad y estabilidad que brinda este gran país, donde con esfuerzo, trabajo y dedicación se puede forjar un futuro próspero.

Mi proceso de migración en este país ha sido complejo. Llegué por la frontera pidiendo asilo político. Entré por la frontera de Anzaldúa, fui llevado a las oficinas de ICE donde permanecí seis días para ser procesado y luego trasladado al centro de detención en Texas durante catorce días. Posteriormente, fui trasladado al centro de detención ESSEX COUNTY JAIL en New Jersey por un mes para luego ser liberado el 21 de junio de 2019.

Llegué a Miami y fui recibido por unos familiares, quienes me brindaron apoyo económico y emocional. Esperé por una semana la liberación de mi esposo Geraldo Finol. Luego de un tiempo, vinimos a Orlando a visitar a una amiga, quien nos ofreció trabajo como *cleaners*. El mayor impacto fue el idioma, el cual me he trazado como meta aprender en corto tiempo. A pesar de que la cultura es diferente, con el tiempo me he ido adaptando, como por ejemplo al Día de Acción de Gracias.

En cuanto al entorno, es muy agradable; hay más arborización, se respetan los espacios, la infraestructura es diferente a la de Venezuela, y hay mucho respeto por los animales y áreas verdes. En cuanto a la comida, puedo decir que aquí se consiguen los productos que normalmente se consumen en Venezuela, ya que donde vivimos existen varios supermercados latinos que proveen diversos productos venezolanos. Emocionalmente, me siento estable porque con esfuerzo y trabajo he podido alcanzar metas y cumplir lo que me propongo.

Me he enfocado en desarrollar mi pasión por los números. En la actualidad, trabajo en la construcción de un emprendimiento enfocado en los fraudes financieros que se desarrollan en este país a diario. Las posibilidades de crecimiento las planteas tú. A su vez, mi esposo y yo trabajamos en el área de la limpieza, lo cual se me ha dado muy bien y es mi motor para prepararme académicamente para nuestro proyecto de un futuro cercano. Adoro ir a la playa, pero para mí es imprescindible ir al gimnasio, lo cual me revitaliza diariamente. Como todos, he tenido momentos inciertos, donde la duda de si estoy en el lugar indicado me arrulla, pero mis avances me demuestran que sí lo estoy.

No me siento discriminado, al contrario, me siento aceptado y, sobre todo, enfocado en mis proyectos.

He experimentado cambios significativos en mi vida, ya que he logrado, en compañía de mi esposo, tener una estabilidad en este país. A través de nuestro trabajo, hemos podido ahorrar, ayudar a nuestra familia en Venezuela, comprar una casa aquí e irnos amoldando a la vida cotidiana de este gran país. Mis futuras metas son certificarme como contador público para poner en práctica los conocimientos adquiridos a través de mis estudios, aprender perfectamente el idioma inglés, ser residente y luego ciudadano de este país.

Siento que no hay sueños grandes ni pequeños. El ser humano sueña y solo le resta trabajar por sus sueños. Cuando sientas que tus fuerzas se acaban, que la penumbra de la noche te abruma, cuando sientas que la colina es empinada, detente, inhala y exhala. Piensa si quieres subir, y si tu respuesta es sí, entonces corre, sube, que nada te detenga. No importa lo que hagas ni dónde lo hagas, lo único que importa es que seas feliz. Y si estar en la cumbre es lo que llevará la felicidad a tu vida, no esperes más, sube. En el mundo existimos millones de personas como tú con los mismos miedos, no serás el único que los tenga. Solo no te detengas. Ten presente que yo estaré en algún lugar orando para que tú también cumplas tus sueños como yo he cumplido los míos.

Mis agradecimientos a mi querido Geraldo Finol. En cada paso de mi camino, has sido mi roca, mi apoyo inquebrantable. Tu constante aliento y tu amor incondicional han sido el faro que ilumina mis días más oscuros y hace brillar mis momentos más brillantes. A través de cada proyecto y cada sueño perseguido, has estado a mi lado, sosteniendo mi mano con fuerza y confianza. Tus palabras de aliento y tu presencia reconfortante han sido el combustible que ha impulsado mi determinación y mi pasión.

Hoy, en estas líneas, quiero expresar mi profundo agradecimiento por todo lo que has hecho por mí. Tu sacrificio, tu dedicación y tu amor desinteresado han sido los pilares sobre los cuales hemos construido nuestro camino juntos. A mi familia, quienes han sido mi red de seguridad y mi refugio en tiempos de dificultad, les dedico también estas palabras. Su amor incondicional y su apoyo inquebrantable han sido un regalo precioso que atesoro con todo mi corazón. En cada logro y en cada victoria, ustedes han estado presentes, celebrando conmigo y compartiendo mi alegría. Vuestra presencia en mi vida es un tesoro que valoro más de lo que las palabras pueden expresar.

Con todo mi amor y gratitud,

Jonny Moran

"No tengas miedo al fracaso. Ten miedo de no intentarlo".

Roy T. Bennett

María Vegas

Conocer a María Vegas ha sido una experiencia transformadora y enriquecedora en mi vida. Nos conocimos en el año 2020, en un momento en que ambos estábamos enfrentando los desafíos y las incertidumbres de la emigración. Desde entonces, María se ha convertido en una parte integral de nuestra familia, la hija que no tuve en mi vientre, pero que la vida trajo a mi hogar.

María no escogió emigrar; simplemente le tocó. Sin un norte definido, su llegada a nuestras vidas fue un punto de inflexión tanto para ella como para nosotros. Desde el primer día, María y yo forjamos una conexión especial, basada en la comprensión mutua y el apoyo incondicional. La convivencia en nuestra casa le ha mostrado otra cara de la moneda en la emigración, una llena de esperanza, oportunidades y amor.

Vivimos juntos, compartimos sueños y luchamos por un futuro mejor. En estos años, he visto a María transformarse de una joven desorganizada y despreocupada a una mujer madura y responsable con un hermoso plan de vida. Su madurez no es solo en edad, sino en la forma en que aborda sus metas y enfrenta los desafíos. Hoy, ya no se desvela por una fiesta o por un carro de moda; se desvela porque está estudiando, trabajando arduamente por sus sueños y construyendo un futuro sólido para sí misma.

María es una inspiración para tantos jóvenes que no pidieron emigrar, pero que, por diversas circunstancias, les tocó hacerlo. Su historia es un testimonio de resiliencia y determinación. Al verla esforzarse día a día, no puedo evitar sentir un inmenso orgullo. Su evolución ha sido notable: de la niña desorganizada que conocí, ha pasado a ser una joven con metas claras y una visión de futuro prometedora.

La convivencia con María nos ha enseñado a todos en casa importantes lecciones de vida. Nos ha demostrado que, con apoyo y amor, es posible superar cualquier adversidad y convertir los retos en oportunidades. Ella no solo es una hija adoptiva, sino un faro de luz y esperanza en nuestro hogar. Verla trabajar por sus sueños y mantenerse firme en sus propósitos me llena de una profunda satisfacción y me hace creer fielmente en sus planes de vida.

María ha dejado una huella imborrable en nuestras vidas. Su perseverancia y su capacidad de adaptación han sido motivo de inspiración no solo para mí, sino para todos los que la rodean. Su historia es un recordatorio de que, sin importar cuán incierto sea el camino, con esfuerzo y determinación se pueden alcanzar grandes logros.

En resumen, conocer a María Vegas ha sido una de las bendiciones más grandes que la vida me ha dado. Ella es la hija que adoptamos con el corazón, la joven valiente que ha aprendido a soñar y trabajar por esos sueños. Su presencia en nuestras vidas ha traído una nueva dimensión de amor y esperanza, y estoy convencida de que su futuro será brillante y lleno de éxitos.

Olaida Montilla

Soy originaria de Valencia, Venezuela. Actualmente tengo veintitrés años de edad y me desempeño como estudiante de derecho, trabajadora en el área de migración y empresaria en el área de belleza y salud. Migré a Estados Unidos a los quince años de edad, en un momento en el que no tenía la capacidad de tomar decisiones referentes a mi estadía en el país, pero entendía que mi familia debía migrar en busca de un mejor futuro debido a las condiciones adversas en nuestro país: la economía, la seguridad, la educación, entre otros factores, nos impulsaron a tomar esta decisión.

En Venezuela, solo había completado hasta el segundo año de bachillerato, y entre mis planes se encontraba el finalizar mis estudios y seguir adelante con mi carrera universitaria. De la noche a la mañana, todo se detuvo. Inicié entonces la búsqueda de un sueño, no solo para mi familia, sino también para mí. Cuando eres un adolescente, no tienes mucho conocimiento de lo que está sucediendo ni cómo avanzarás en el futuro con la toma de decisiones, y exactamente eso me sucedió a mí.

Comencé estudiando en middle school al llegar a Estados Unidos, ya que la high school no aceptaba todos mis créditos escolares. No tenía conocimientos del idioma (inglés), salvo lo básico: *"hello"* y el famoso *"verbo to be"* que tanto escuchamos los latinos en las clases de nuestro país. Fue un gran impacto no entender nada de lo que decían mis profesores, mis compañeros de clase o las personas que me rodeaban fuera del salón. Al principio, un profesor encargado me traducía en clases las primeras dos semanas para que pudiera entender un poco qué se hablaba en el salón de clases, pero solo podía estar conmigo unos minutos, pues debía asistir a otros estudiantes en la misma situación.

Esto me obligó a defenderme con el idioma y a buscar la manera de adaptarme a lo largo de mis años de estudio. Cuando ingresas, vas a recibir mucha ayuda de tus profesores; realmente, la mayoría me imprimían documentos en español para que pudiera guiarme y hablaban conmigo por medio del traductor, pero aun así, no dejaba de ser abrumadora la situación.

Las escuelas públicas en Estados Unidos no tienen ningún costo y ofrecen una educación muy completa en cuanto a recursos, por lo que mi familia no tuvo que lidiar con pagos estudiantiles, lo cual era un alivio porque algo que sí sabemos es que la educación acá es costosa. Al finalizar *middle school*, pasé a *high school*, donde ya conocía a algunas personas, lo que hizo la transición más llevadera. A pesar de que aún éramos pocos los latinos, había más diversidad. Enfrentar los exámenes requeridos por el estado fue un reto, ya que necesitaba un buen dominio del idioma y de su redacción, pero con estudio, práctica y esfuerzo, créanme, van a lograr superarlos. Finalmente, llegó el momento más esperado: ¡ME GRADUÉ!

Sin embargo, aún quedaba mucho por hacer. Tenía sueños por cumplir, pero ahora enfrentaba un reto mayor: ¿qué iba a estudiar en la universidad? Y más importante aún, ¿cómo iba a pagarla? Al ser inmigrante, las universidades no podían ofrecerme becas ni ayuda financiera completa debido a mi estatus migratorio. Fue entonces cuando decidí empezar a trabajar, aunque con la desilusión de que quizás no podría estudiar. Pero, justo en ese momento, fue cuando todo empezó a tomar un rumbo.

Me gustaba mucho el mundo de la estética, la belleza y la salud, por lo que decidí inscribirme en un curso de seis meses para certificarme como esteticista. Tenía también la opción de ir todos los días y así poder disminuir ese tiempo de seis meses a tan solo tres. Logré asistir diariamente y graduarme en ese tiempo.

Al terminar mis estudios y obtener mi certificación, comencé a buscar trabajo. Aunque sin experiencia es difícil ser aceptado, envié diferentes CV a empresas de toda el área de la belleza, y un día logré ingresar en un empleo de depilación facial. Seguía con prácticas en el área y perfeccionando mi técnica. Con práctica, estudio y esfuerzo, logré dominar mi trabajo. Aproximadamente a los cuatro meses, se me presentó la oportunidad de ingresar al *college* para poder estudiar enfermería, lo cual era un sueño ya que quería, con el título, poder realizar más procedimientos en mi estudio de belleza que me lo permitiría el ser enfermera registrada especializándome en dermatología y abrir un *spa*.

Mi familia me apoyó en esta decisión, y comencé a estudiar enfermería. Sin embargo, el primer semestre fue difícil y me desanimé. Aunque lo intenté varias veces, no sentía la vocación necesaria para seguir adelante y entendía que era algo esencial al estudiar carreras tan complejas como lo es la medicina. Decidí abandonar la carrera y buscar otras oportunidades.

Inicié trabajando en una oficina de paralegales, donde inicialmente solo haría traducciones, ya que manejaba el idioma. Nos ofrecieron en la oficina presentar ciertos cursos de preparación y conocimientos migratorios. Con el tiempo, comencé a interesarme más en el derecho. Me defendía en el área y no solo realizaba traducciones, así que decidí estudiar esta carrera. Actualmente, soy estudiante de derecho en la Universidad de Keiser y estoy entre el 10 % de los mejores estudiantes de mi campus.

Al mismo tiempo, decidí abrir mi propio negocio de depilación facial "Kalon Spa". Este proyecto me permite convertir mi pasión y estudios en una experiencia única para mis clientes. También continúo trabajando como paralegal en las oficinas de "Consultants Maca LLC". No puedo decir que el camino ha sido fácil, pero he aprendido que no debemos detenernos ante las adversidades. La vida nos presenta oportunidades y depende de nosotros aprovecharlas y seguir adelante.

Quiero expresar mi profundo agradecimiento a mi madre y a mi familia por traerme a este país. Sin su apoyo y sacrificio, no estaría donde estoy hoy. A mi novio, por mostrarme cómo construir un sueño y trabajar por él, y a mi familia adoptiva, que me ha apoyado no solo económicamente, sino también emocionalmente, estimulándome a seguir adelante y buscar un futuro mejor.

Para todos los jóvenes que han estado en mi posición, quiero decirles que no se detengan ante las adversidades. La vida nos presenta oportunidades y depende de nosotros aprovecharlas. Luchen por sus sueños y no se rindan. Como dijo Walt Disney: "Todos tus sueños pueden hacerse realidad si tienes el coraje de perseguirlos". Mantengan la fe en ustedes mismos y trabajen arduamente, porque el esfuerzo siempre será recompensado.

Esta es mi historia, y espero que sirva de inspiración y motivación para aquellos que buscan un futuro mejor. No se detengan y luchen por esos sueños que empacaron en sus maletas.

María Vegas
"Todos tus sueños pueden hacerse realidad si tienes el coraje de perseguirlos".
Walt Disney

Melissa Londono

Conocer a Melissa Londoño ha sido una experiencia profundamente motivadora. Melissa es una psicóloga colombiana que emigró a los Estados Unidos con su esposo y sus trillizos de tan solo nueve años. Su historia es un testimonio de perseverancia y determinación frente a las adversidades.

Al llegar a este país, Melissa comenzó a trabajar como masajista, pero su verdadera pasión siempre fue la psicología. A pesar de los desafíos que implica adaptarse a un nuevo entorno y cuidar de una familia numerosa, Melissa nunca perdió de vista su objetivo. Con una actitud radiante y positiva, escudriñó en cada rincón para encontrar el procedimiento necesario para revalidar su título y ejercer como psicóloga en los Estados Unidos.

A pesar de escuchar "ya no lo serás más" en varias ocasiones, Melissa se negó a aceptar un "no" por respuesta. En poco tiempo desde su llegada, mostró una determinación inquebrantable. Investigó, se preparó y buscó las oportunidades necesarias para alcanzar su meta. Hoy en día, Melissa se regocija en su logro, habiendo cumplido su sueño de ejercer su profesión en este nuevo país.

Melissa no se limitó por las dificultades ni se dejó vencer por los obstáculos. Su esfuerzo y dedicación son un ejemplo inspirador para todos los que conocemos su historia. Nos enseña que, con determinación y una actitud positiva, es posible superar cualquier barrera y alcanzar nuestros sueños, sin importar cuán inalcanzables puedan parecer al principio.

Olaida Montilla

Mi nombre es Melissa Londoño Gil, soy de Cali, Colombia. Tengo treinta y siete años y vengo de una familia de padres trabajadores y amorosos. Tengo dos hermanos mayores: mi hermano es contador público y magíster en finanzas, y mi hermana es fisioterapeuta especialista en salud ocupacional. En mi país de origen trabajé como psicóloga y, cuando me especialicé, trabajé como neuropsicóloga por aproximadamente diez años.

Salí de mi país hacia Venezuela debido a la violencia que se vivía en ese momento y buscando brindarles a mis hijos una mejor oportunidad de vida. En Venezuela, un país maravilloso, nacieron mis trillizos en la Clínica Caracas. Aproveché mucho el tiempo y me gradué como diplomada en psicodiagnóstico, estudiando a la par mi carrera de psicología. Pasado un tiempo, la situación en Venezuela se volvió difícil por el tipo de gobierno, así que regresé a Colombia. Continué con mi carrera como psicóloga y me gradué en la Universidad Nacional como psicóloga clínica.

Tomé la decisión de emigrar a Estados Unidos, ya que tenía algunos familiares con experiencias bonitas en el país y, como ya lo conocía, consideraba que era una buena opción. Mi proceso de emigración fue preparado con aproximadamente ocho meses de anticipación. Llegué gracias a unos amigos que nos hablaron de la hermosa ciudad de Kissimmee. Empecé trabajando en un spa en masajes post-operatorios. Posteriormente, de tanto pedirle a Dios, me envió a una persona muy especial en mi vida. Creo que ella no sabe lo que significa conocerla. Ella me mostró que había un camino para mí y que este camino involucraba una de las cosas que más amo: mi profesión.

Fue cuestión de paciencia ir conociendo caminos que me guiaran hacia el avance para trabajar en lo que me gusta de la mejor forma. Todo se basa en decisiones, y cuando un sueño parece imposible, pienso que más duro se debe trabajar para alcanzarlo. El idioma me hacía pensar que el camino iba a ser más difícil, pero sin pensarlo, lo fui afianzando a través del tiempo, estudiando en cursos gratuitos y con el diario vivir. Aún me falta mejorar en la adquisición del inglés, pero cada día me esfuerzo más para lograrlo.

Había muchos retos en el camino. Conseguir casa fue difícil, pero lo logré buscando mucho en páginas de internet, entre otros. El mayor impacto en mi caso era pensar en mi familia y en cuánto los extrañaba, además de pensar que sería imposible desempeñarme en mi profesión. Creo que el peor error es escuchar a la gente sin experiencia en lo que deseas alcanzar. Siempre diré: sigue buscando hasta que encuentres lo que deseas. Las emociones y la cultura fueron difíciles de asimilar.

Los cambios en mí han sido muy significativos. Creer en mí, en que podía lograr tener el desempeño profesional y seguir estudiando dentro de este país ha sido clave para mi proceso económico y emocional, y para empezar a dejar de ver este país como una estadía pasajera. No cambiaría nada de mi proceso, ya que todo fue aprendizaje. Hoy me siento afortunada y orgullosa de mis logros, de ver a mis hijos felices y con la adquisición de una segunda lengua. Ver a mi esposo tranquilo, viendo a sus hijos y esposa felices, me llena de satisfacción. Mi siguiente meta es continuar estudiando para alcanzar el máximo nivel en mi carrera profesional.

Espero que si estás pasando por un mal momento y crees que no lo vas a lograr, te digo con toda seguridad que lo vas a lograr y que solo es un momento. Si sientes que tu vida se está estancando, que no logras salir de una cadena repetitiva a nivel laboral o emocional, te invito a identificar y tomarte un momento para ver qué estás haciendo igual, con qué personas estás rodeado y si lo que estás haciendo te conduce al sueño u objetivo que quieres alcanzar.

Debes hacer un alto en el camino y salir de tu zona de confort, que es sumamente perjudicial. Te preguntas cómo hacer esto... Lo primero que te puedo decir desde mi experiencia es que tengas claro el objetivo que quieres alcanzar, escríbelo y debajo pon cómo lo vas a lograr, paso a paso. Empieza a hacer tangible ese mapa de sueños. No es fácil, pero tampoco imposible.

Actualmente, ya pude terminar mi maestría, que era el primer paso en mi mapa de sueños. Viene el segundo: registrarme como interna y continuar con el doctorado. ¿Es difícil? Sí, lo es, pero vale muchísimo la pena. Mi propósito es llegar a tener un centro de rehabilitación cognitiva que incluya las tecnologías más avanzadas, conservando las técnicas tradicionales. Me encantaría poder tener el servicio de rehabilitación *Neurofeedback*, del cual tengo capacitación y conozco sus beneficios para la población con diferentes patologías.

Quiero expresar mi más profundo agradecimiento a mi esposo y mis hijos. Ustedes han sido mi fortaleza y mi inspiración constante. Cada sacrificio, cada momento de incertidumbre y cada reto que hemos enfrentado juntos han sido más llevaderos gracias a su amor y apoyo incondicional. Mi esposo, tu serenidad y confianza me han dado el impulso necesario para seguir adelante en los momentos más difíciles. Mis hijos, su felicidad y capacidad para adaptarse a nuevas situaciones me llenan de orgullo y me recuerdan cada día por qué vale la pena luchar.

A mis familiares, especialmente aquellos que nos recibieron con los brazos abiertos en este nuevo país, quiero decirles gracias. Su hospitalidad y generosidad han sido fundamentales para nuestra adaptación y crecimiento en Estados Unidos. Su apoyo ha sido invaluable y siempre estará en mi corazón.

Y a esa persona especial que me mostró el camino para continuar mi carrera como psicóloga en este país, nunca podré agradecerle lo suficiente. Tu guía y creencia en mis capacidades me han permitido alcanzar metas que una vez parecían inalcanzables. Gracias por ser un faro de esperanza y por mostrarme que, con perseverancia y determinación, todo es posible.

A la comunidad de inmigrantes que llega a los Estados Unidos persiguiendo un sueño, quiero decirles que nunca se rindan. El camino puede ser difícil y lleno de obstáculos, pero cada paso que den los acercará más a sus metas. No escuchen a quienes no tienen experiencia en sus sueños; confíen en ustedes mismos y sigan buscando hasta encontrar lo que desean.

La adaptación puede ser dura, y las diferencias culturales y emocionales pueden parecer abrumadoras, pero recuerden que cada desafío es una oportunidad para crecer y aprender. Escriban sus objetivos, trácenlos paso a paso, y no tengan miedo de salir de su zona de confort. Los sueños no son fáciles de alcanzar, pero no son imposibles.

Yo soy prueba de que, con esfuerzo, fe y apoyo, se pueden superar las adversidades. Continúen trabajando duro y manteniendo la esperanza. La recompensa de ver a sus seres queridos felices y de alcanzar sus metas profesionales hará que todo valga la pena. Sigamos adelante, construyendo una vida mejor para nosotros y nuestras familias.

Melissa Londoño Gil
"No hay medicina que cure lo que no cura la felicidad".
Gabriel García Márquez

Thalia Contreras

Conocer a Thalia Contreras ha sido uno de esos regalos inesperados que la vida te otorga y que terminan marcando profundamente tu existencia. La conocí por medio de su esposo, quien me ubicó para solicitar ayuda debido a que

Thalia se encontraba aislada en un centro de detención en Louisiana tras dar positivo por tuberculosis. En ese momento, su esposo estaba desesperado y no sabía cómo proceder. Le di ánimo y orientación para que entendiera los procesos del ICE en Estados Unidos y, afortunadamente, tras pasar por varios trámites, Thalia fue liberada.

Al ser liberada, Thalia y su esposo llegaron a mi casa, y les brindamos alojamiento en una casa de asistencia que teníamos en ese momento. Desde el primer día, Thalia me cautivó con su determinación y fuerza de carácter. A pesar de las duras pruebas que había enfrentado, ella no se dejaba vencer por las adversidades. Venía de otro país donde había logrado emigrar exitosamente, pero, como ella misma dijo, "mi etapa aquí culminó", demostrando una claridad y sabiduría al saber cuándo era momento de cambiar de rumbo y buscar nuevas oportunidades.

Thalia tiene una habilidad única para determinar cuándo las circunstancias pueden abrumar, y simplemente emprende el camino para continuar conduciendo hacia un futuro mejor. Esta capacidad para adaptarse y seguir adelante, incluso cuando las cosas no salen como se planean, es una de las cualidades que más admiro de ella. A pesar de estar fuera de su país y de la dolorosa experiencia de perder a su madre sin poder estar con su familia, Thalia sigue siendo fuerte y sigue dando fortaleza a todos los que la rodean.

Lo que más me impresiona es su capacidad para ayudar a los demás. Thalia siempre está dispuesta a extender una mano amiga, brindar apoyo y dar consejos directos y francos cuando es necesario. Ella no teme decir la verdad y hablar fuerte, pero siempre desde un lugar de amor y preocupación genuina. A pesar de sus propios miedos, que oculta muy bien para que nadie sepa que los tiene, Thalia se mantiene firme y resiliente, proporcionando un ejemplo de valentía y entereza para todos.

Aquí, en este nuevo capítulo de su vida, Thalia se ha convertido en madre. Al principio, su experiencia como madre era bastante cómica debido a su inexperiencia y a los retos que enfrentaba. Sin embargo, con el tiempo, ha demostrado ser una madre increíble, llena de amor y dedicación para su hijo. Para mí, Thalia es más que una amiga; es una hija más que la vida me ha dado, y su hijo es mi nieto de vida.

Verla crecer y adaptarse a su nuevo rol de madre ha sido una de las experiencias más gratificantes. Thalia ha mostrado una madurez impresionante, superando las dificultades con una sonrisa y una determinación que inspiran a todos los que la conocen. Su capacidad para mantener la compostura y seguir adelante, a pesar de los desafíos, es un testimonio de su fortaleza interior y de su espíritu indomable.

Thalia es una inspiración para mí y para muchos otros. Su historia es un recordatorio de que, no importa cuán difíciles sean las circunstancias, siempre hay una manera de seguir adelante. Su determinación, su amor por su familia y su capacidad para brindar apoyo a los demás son cualidades que la convierten en una persona verdaderamente especial.

Estoy agradecida por haber tenido la oportunidad de conocer a Thalia Contreras y por la profunda influencia que ha tenido en mi vida. Su presencia es un regalo, y su ejemplo de resiliencia y fortaleza es algo que llevaré conmigo siempre. Thalia, te admiro y te quiero como a una hija, y estoy inmensamente orgullosa de ti y de todo lo que has logrado.

A todos los jóvenes y adultos que, como Thalia, enfrentan la emigración y los desafíos que esta conlleva, quiero decirles que no se rindan. Mantengan la esperanza y la determinación, porque cada obstáculo es una oportunidad para crecer y aprender. Como dijo Nelson Mandela: "El mayor orgullo en la vida no consiste en nunca caer, sino en levantarse cada vez que se cae". Sigamos adelante con valentía y con la convicción de que, con esfuerzo y perseverancia, podemos superar cualquier adversidad.

Olaida Montilla

Soy Thalía Contreras, de nacionalidad venezolana. Mi vida comenzó el 3 de septiembre de 1995 en el estado Barinas, con unos padres excelentes que me han brindado todo su amor y apoyo incondicional. Hoy soy quien soy gracias a ellos. Tuve una infancia muy linda y una adolescencia muy bien disfrutada, gracias a los buenos valores que me brindaron junto a mis hermanos.

Cursaba dos carreras: Medicina y Diseño de Modas, pero, como todo no es perfecto, empecé a vivir momentos muy difíciles cuando mis padres perdieron sus empleos. No pude seguir estudiando por problemas económicos, ya que el régimen del gobierno cada día se volvía más opresivo. Aun con todo esto, comencé a trabajar para tratar de sustentar algunos gastos de mi hogar, pero no fue suficiente. Mis padres decidieron que debía salir del país en busca de un nuevo futuro para mí y mis hermanos, ya que yo soy la mayor. No fue fácil. Solo recuerdo la despedida con mi familia, pero más la de mi madre, que me acompañó hasta Cúcuta, Colombia, desde donde partiría a mi destino: Chile. Fue muy fuerte porque fue la última vez que la vi.

Llegué a Chile, donde me esperaba mi novio, que actualmente es mi esposo y con quien tengo un hermoso hijo. Allí comenzamos nuestra vida como inmigrantes. Llegué a Chile desnutrida y al pueblito donde empezamos. Me tocó trabajar en un campo de siembra, y mi primer día me desmayé debido a la mala alimentación y el cambio climático extremo. Pasaron varias semanas y conseguí un empleo en un restaurante como mesera. Como en todas partes del mundo, encontré personas agradables y desagradables. Muchas me humillaban y otras me alababan, pero eso no afectó mi determinación de trabajar y demostrar mi valía. Trabajé tres años en ese lugar, construyendo una buena amistad y confianza con mis jefes.

Durante mi tiempo en Chile, disfruté de sus hermosos paisajes: las montañas con nieve en invierno, los atardeceres veraniegos, las frías playas y los impresionantes acantilados. Chile es un país precioso que siempre llevaré en mi corazón.

Sin embargo, llegó la pandemia y estuve ocho meses sin trabajo, lo que fue una situación muy difícil. En ese año, mi madre falleció y no pude salir del país para despedirme de ella, lo que me sumió en un estado de depresión. Como muchos inmigrantes, tuve que seguir avanzando a pesar del dolor. Trabajé en una tienda digital y en un supermercado de lunes a lunes para mantenerme ocupada y no pensar en mi pérdida. Después de tres meses, me despidieron por no estar enfocada en mi labor.

Busqué nuevamente empleo y terminé trabajando en el campo, un lugar que no quería volver, pero que me tocó aceptar para apoyar a mi familia. Más tarde, conseguí trabajo en una procesadora de frutas por temporada. Chile comenzó a decaer con el cambio de gobierno, aumentando la xenofobia, la delincuencia y la baja económica. Mi esposo y yo decidimos emprender una segunda migración, esta vez hacia Estados Unidos para buscar una vida más segura.

Entramos por la frontera sin visa y nos separaron. Mi esposo fue liberado a los tres días, pero a mí me enviaron a un centro de detención donde estuve un mes. No fue fácil, pero finalmente salí y nos dirigimos a Texas. Allí, conocimos a una señora que nos brindó todo su apoyo, nos dio boletos aéreos para llegar a Orlando, donde actualmente vivimos. Nos ofreció vivienda, alimentos y nos guio en nuestros procesos de asilo. Nos consiguió empleo y en nuestros tiempos libres trabajábamos limpiando estadios y casas para salir adelante.

Actualmente, trabajo con ella en su oficina paralegal, estoy estudiando inglés y tengo una hermosa familia. Nos esforzamos cada día para cumplir nuestras metas a futuro. Estados Unidos me ha brindado muchas oportunidades que no pienso desaprovechar.

En el año 2023, cuando parecía que todo estaba perfecto, descubrí que estaba embarazada. Me sentí aterrada, pero mi mayor miedo era no poder contar con mi madre, ya que ella no estaría físicamente conmigo. Sin embargo, como a nadie le falta Dios, mi hermano menor logró llegar a Estados Unidos. Tenemos una gran familia que la vida nos ha dado, donde muchos no nos conocimos de manera convencional, pero hoy somos una verdadera familia. Contamos con muchos niños, cuidadores, abuelos, madres, padres, tíos, hermanos, primos y sobrinos.

Es una red de apoyo y amor que nos sostiene, por lo que mi embarazo estuvo supervisado por todas esas mujeres de la familia que ya tenían hijos, pendientes de todas las citas médicas y las cosas que debía hacer, los cuidados que debía tener, y todos esos cuidados que solemos tener en nuestros países, con nuestros adultos que nos aconsejan.

A mí no me faltaron, ni me faltó una mano para apretar al momento del parto. Mi trabajo de parto duró dos días y nunca estuvimos solos en la clínica; siempre esta gran familia estuvo con nosotros. Hoy mi hijo tiene muchas abuelas, tías, tíos, primos, un montón de personas que lo quieren de una manera impresionante sin tener una gota de sangre en común, sin hablar de todos nuestros familiares que se encuentran en Venezuela y que se mueren por poder tenerlo en sus brazos y llenarlo de amor. Por nuestra situación migratoria no podemos salir, pero sé que ese día llegará.

Considero que no solo crecimos como familia, crecimos como personas. Hoy soñamos con ser grandes personas en este país, no solo de ganar un sueldo y tener una estabilidad económica. Le queremos enseñar a nuestro hijo que hay infinidad de oportunidades en su vida que debe tomar para crecer como profesional y como persona, que hay cosas más valiosas en la vida que el dinero y lo material, que los momentos se atesoran y te empujan a ser cada día mejor.

Aún no sabemos qué vamos a hacer. De momento, tanto mi esposo como yo tenemos trabajos estables, tenemos una vida de calidad y aún nos despertamos en las noches soñando qué haremos para crecer. Ya tenemos una madurez, ya no somos solo dos, ahora somos tres. Ya tomamos decisiones más cautelosamente, no solo tomamos una maleta y emprendemos un camino, ahora pensamos en nuestro Ethan. Ya no me voy a medianoche a la playa, ya reviso el clima para saber si lloverá o si el día estará soleado para saber cómo visto a Ethan, que lo que coma no le haga daño. Hoy entiendo muchas cosas que mis padres me decían y yo no entendía. Ahora ya soy mamá, y me siento feliz con esta etapa de mi vida, y quiero vivirla a plenitud y sentir cómo crezco con mi hijo.

A todos los inmigrantes que vienen a probar suerte en este país o en otro país y creen que todo es muy difícil y que nunca saldrán del túnel, quiero decirles que sí se puede. La clave está en no rendirse, en mantener la esperanza y en seguir adelante con valentía. La vida siempre presenta desafíos, pero también nos da las herramientas y las oportunidades para superarlos. Sigamos adelante con fe y determinación, porque un futuro mejor nos espera.

Quiero agradecer profundamente a mi esposo, que me lleva de la mano y me demuestra amor a cada instante; a mi hijo, que vino a enseñarme una etapa de mi vida que desconocía; a mi familia, que desde la distancia me apoya y me alienta; y a esta nueva familia que la vida me ha dado, por su apoyo incondicional, por no soltarme la mano y por amar a mi hijo como lo hacen.

Thalia Alejandra Contreras Toro.

"El coraje no siempre ruge. A veces, el coraje es esa voz tranquila al final del día que dice: 'Lo intentaré de nuevo mañana'".

Mary Anne Radmacher

Eleana Roche

Desde el primer momento en que conocí a Eleana Rocher, su personalidad radiante y positiva me cautivó. Eleana posee una habilidad única para enfrentar cualquier situación con una actitud optimista, lo cual es una cualidad que admiro profundamente. Su manera de ver la vida con un lente de perseverancia y esperanza ha sido una fuente constante de inspiración para mí y para todos los que tienen la fortuna de estar cerca de ella.

Eleana no solo sueña, sino que trabaja incansablemente para convertir sus sueños en realidad. Es una mujer de metas claras y una determinación inquebrantable. He sido testigo de su capacidad para superar obstáculos con una tenacidad que parece inagotable. No importa cuán grande sea el desafío, Eleana siempre encuentra una manera de afrontarlo y salir fortalecida.

Una de las características más destacadas de Eleana es su capacidad para motivar a quienes la rodean. Su entusiasmo es contagioso, y su apoyo incondicional ha sido crucial en muchos momentos difíciles. Es el tipo de persona que siempre está dispuesta a escuchar, a ofrecer palabras de aliento y a brindar su ayuda desinteresada. Gracias a ella, he aprendido a valorar más la importancia del apoyo mutuo y la empatía.

Eleana es, sin duda, una mujer de retos y sacrificios. Su vida es un testimonio de que los grandes logros requieren esfuerzo y dedicación. He visto cómo se ha enfrentado a situaciones complejas, siempre con la frente en alto y sin perder su esencia. Su capacidad para mantenerse firme en sus convicciones, a pesar de las adversidades, es algo que admiro profundamente.

Nuestra amistad ha sido un viaje lleno de aprendizajes y crecimiento mutuo. Eleana ha sido una guía y un ejemplo a seguir, demostrando que con esfuerzo y una actitud positiva se puede alcanzar cualquier meta. Su presencia en mi vida ha sido invaluable, y estoy agradecida por cada momento compartido, cada conversación y cada lección aprendida.

En resumen, Eleana Rocher es una amiga excepcional, cuyo espíritu indomable y energía positiva han dejado una huella imborrable en mi vida. Su perseverancia, motivación y disposición para enfrentar retos hacen de ella una persona verdaderamente especial. Tenerla como amiga es un privilegio que valoro profundamente, y su influencia me ha ayudado a ser una mejor versión de mí misma.

Olaida Montilla

QUERIDA OLAIDA MONTILLA,

Quiero expresarte mi más profundo agradecimiento por invitarme a ser parte del libro en el cual podemos contar historias inspiradoras para impulsar a la comunidad inmigrante. Es un honor y una gran responsabilidad formar parte de este proyecto que busca dar voz y esperanza a quienes, como yo, han recorrido un camino lleno de retos y sueños.

Tu iniciativa no solo refleja tu compromiso con nuestra comunidad, sino también tu deseo de crear un impacto positivo y duradero. A través de estas páginas, espero poder inspirar a otros a perseverar y alcanzar sus metas, y estoy emocionada de ver el impacto que nuestras historias tendrán.

Gracias por esta oportunidad invaluable y por tu dedicación a empoderar a los inmigrantes. Estoy emocionada de colaborar contigo y de compartir nuestras experiencias para inspirar y motivar a muchos más.

Con gratitud,

Eleana Roche

Eleana Roche

Mi nombre es Eleana Roche y soy una orgullosa venezolana nacida en Bogotá, Colombia. Desde pequeña, fui criada por un grupo de mujeres fuertes y valientes, cada una con una historia que ha marcado mi vida de manera profunda. Mi madre ha sido un ejemplo de constancia y dedicación, siempre presente para nosotros, y mi abuela, llena de amor, nunca nos dejó solos. Vivir con ella en diferentes momentos de mi vida fue una experiencia enriquecedora.

En nuestra familia, la prioridad siempre fue estudiar y nunca permitir que nadie nos subestimara o nos relegara a un segundo plano. El poder del ejemplo y la motivación constante han sido pilares fundamentales en nuestro hogar. La figura paterna estuvo ausente, pero mi madre y mi abuela, con su increíble fortaleza y dedicación, nos sacaron adelante. Venezuela siempre ha sido mi hogar y el lugar donde alcancé mis mayores sueños personales.

Venezuela es mucho más que un país para mí; es mi hogar, mi refugio y el lugar donde me sentí arraigada y creé una identidad. Agradezco profundamente a esta hermosa tierra por haberme brindado la oportunidad de cumplir muchos de mis sueños personales y profesionales. Venezuela me enseñó el valor de la resiliencia y la fortaleza ante las adversidades. Aprendí a apreciar las pequeñas cosas de la vida y a valorar la importancia de la familia y la comunidad. En este país encontré inspiración en su cultura rica y diversa, y en su gente cálida y amable. Cada experiencia vivida en Venezuela ha dejado una huella imborrable en mi corazón y ha contribuido a formar la persona que soy hoy.

En Venezuela, también tuve la maravillosa experiencia de convertirme en madre, lo cual llenó mi vida de un hermoso propósito y me mantuvo constantemente inspirada.

Ser madre en este hermoso país fue un regalo que me dio una nueva perspectiva de la vida y me impulsó a seguir adelante con aún más determinación y amor.

Desde que era pequeña, siempre quise hacer algo diferente. Tenía una fuerte convicción de que quería estudiar leyes, motivada por la idea de la justicia y por el deseo de ayudar a otros a resolver sus problemas, con la esperanza de que mi ayuda generara un impacto de felicidad en sus vidas. Fue así como decidí estudiar derecho en la Universidad José Antonio Páez en Valencia. Siempre me ha encantado la pasión por lo justo y el reto de defender causas que considero correctas. Esta decisión me llevó a descubrir un profundo amor por la profesión. Me gradué en el 2012, llena de ilusiones y sueños por cumplir.

Durante mi tiempo en la universidad, tuve el privilegio de contar con grandes profesores que no solo me enseñaron en el aula, sino que también me apoyaron y ayudaron en mi proceso de aprendizaje fuera de él. Su dedicación y compromiso con la enseñanza hicieron que mi experiencia educativa fuera aún más enriquecedora.

Después de graduarme de la universidad, tuve la oportunidad de trabajar con excelentes abogados que tenían una trayectoria profesional y académica admirable. Su guía y mentoría fueron fundamentales para consolidarme como profesional y para comenzar a construir mi propio camino en el mundo legal. Siempre estaré agradecida por su apoyo, respeto y admiración. Paso a paso, con esfuerzo y dedicación, logré establecer mi propia oficina. Fue un logro que me llenó de orgullo, especialmente porque pude contar con la confianza de clientes que valoraban mi criterio y entrega hacia sus casos. Este proceso me enseñó la importancia de la constancia, la ética y la dedicación en mi trabajo, valores que sigo cultivando en mi carrera profesional.

Desde joven, siempre me ha gustado buscar nuevas experiencias y aventuras. Fue así como, cuando vine a los Estados Unidos inicialmente de vacaciones para conocer, vi la oportunidad de estudiar inglés y decidí aprovecharla. Este país me ofrecía un mundo de posibilidades y decidí lanzarme a esta nueva aventura que ha marcado mi vida de manera increíble. Fue un momento decisivo que cambió mi rumbo y me abrió las puertas a un sinfín de oportunidades y aprendizajes.

La decisión de venir a este gran país la tomé motivada por mi deseo de explorar nuevas oportunidades y superar mis propios miedos. La primera vez que llegué a Estados Unidos fue por motivos de vacaciones. Miami y Nueva York fueron los primeros lugares que visité, y fue en Nueva York donde me di cuenta de las innumerables oportunidades que podría tener si estudiaba inglés en este país. Gracias a un amigo que se convirtió en mi patrocinador y a grandes amigos que me apoyaron, pude iniciar el proceso para convertirme en estudiante en Estados Unidos. Dejar atrás lo conocido y enfrentarme a un mundo desconocido fue una decisión que me llenó de temor en algunos momentos, pero la determinación y el deseo de avanzar siempre prevalecieron.

Mi proceso de inmigración fue un viaje lleno de desafíos y aprendizaje. Desde el inicio, mi objetivo fue conocer más sobre la cultura y el sistema educativo estadounidense. Sin embargo, el camino no fue fácil. A pesar de no conocer bien el proceso, con la ayuda de personas maravillosas que Dios puso a mi alrededor, logré presentar mi solicitud de cambio de estatus para convertirme en estudiante. El momento más difícil de esta etapa fue cuando mi caso fue cerrado debido a la falta de una respuesta oportuna. Esa noticia me llenó de desesperanza y desolación. Consulté a varios abogados pro bono en la ciudad, y la mayoría me dijo que era muy difícil reabrir el caso. Sentada en mi cama, pedí fuerzas a Dios y decidí usar los días restantes para responder con mis conocimientos legales.

Con valentía, presenté una moción de reapertura porque sabía que tenía todos los fundamentos para solicitarla. Después de una larga espera llena de incertidumbre, finalmente recibí la carta más esperada: el USCIS había reabierto mi caso, dándome la oportunidad de continuar con mi proceso. Fue un momento increíble que marcó mi vida, un momento que llamo felicidad. A lo largo de este viaje, he sentido la presencia de Dios y sus ángeles guiándome y dándome la fuerza para seguir adelante. Esta experiencia me ha demostrado que, con fe, determinación y el apoyo de seres queridos, cualquier obstáculo puede ser superado. Estoy inmensamente agradecida por las oportunidades que Estados Unidos me ha brindado y por cada persona que ha sido parte de mi camino.

Después de presentar mi solicitud de cambio de estatus migratorio, mi principal objetivo era conocer escuelas de interés en materia legal. Esta etapa fue intensa, ya que visitaba universidades de manera casi obsesiva, tratando de entender el sistema académico del país. Sin embargo, los costos de las universidades me generaban mucha preocupación y nerviosismo. Recuerdo claramente que, mientras esperaba la respuesta de inmigración, visitaba iglesias en busca de información gratuita sobre educación, lo cual se complicaba por no hablar el idioma.

En medio de este proceso, escuchaba a muchas personas decirme que los abogados de otros países no pueden ejercer en Estados Unidos, lo cual me desanimaba. A pesar de ello, algo dentro de mí me impulsaba a seguir adelante. Este deseo de entender el sistema educativo de Estados Unidos me llevó a descubrir cosas interesantes sobre la vida académica en este país. Fue un camino difícil y lleno de desafíos, pero cada obstáculo me hizo más fuerte y determinada a alcanzar mis metas.

Mi proceso financiero y emocional durante esa etapa fue bastante intenso. A pesar de contar con mis ahorros personales y el apoyo de un sponsor académico, estaba lidiando con una montaña rusa de emociones. Tenía la presión de asegurarme de que cada centavo se utilizara de manera eficiente, lo cual no siempre era fácil.

Financieramente, debía ser extremadamente cuidadosa y estratégica. Cada gasto tenía que ser justificado y planificado con precisión. A pesar del apoyo, la incertidumbre sobre si mis recursos serían suficientes para completar mis estudios era una preocupación constante que me mantenía alerta y, a veces, ansiosa.

Emocionalmente, estaba enfrentando una mezcla de sentimientos. Por un lado, estaba la emoción y el entusiasmo de estar persiguiendo mis sueños en un nuevo país. Por otro lado, estaba la ansiedad y el miedo de lo desconocido, además de la presión de no defraudar a quienes confiaban en mí. La distancia de mi familia y amigos también añadía una capa de desafío emocional, ya que me faltaba el soporte directo de mi red de apoyo más cercana.

Sin embargo, cada desafío superado me fortalecía y me daba más confianza para seguir adelante. Este proceso me enseñó la importancia de la resiliencia y la capacidad de adaptarme y crecer, incluso en las circunstancias más difíciles. Cada pequeño triunfo financiero y emocional se convirtió en una victoria personal que me impulsaba a seguir adelante.

Me llevó tiempo obtener cambios significativos. Además de esperar las respuestas migratorias, tuve que dedicar tiempo a adaptarme a los cambios que estaba experimentando. Este proceso no fue inmediato; requirió paciencia y perseverancia. Cada día presentaba nuevos desafíos y oportunidades de aprendizaje.

El mayor impacto en el cambio fue enfrentar la barrera del idioma, adaptarme a una nueva cultura y entender un sistema educativo totalmente desconocido para mí. Cada cambio implicó un duelo; la transformación requiere detenerse para avanzar y tener la actitud de mantener el enfoque para lograr las metas. La transición fue compleja, pero no imposible. La adaptación fue un proceso desafiante. No entender el sistema y no encontrar caminos claros en el sistema educativo fueron experiencias frustrantes y aterradoras. Sin embargo, estas dificultades también me motivaron, ya que las ganas de superarme siempre me impulsaron hacia adelante. Tenía la convicción de que algún día lograría llegar a la universidad en este hermoso país.

Emocionalmente, hubo momentos en los que sentí debilidad debido a la distancia de mi familia y de mi hogar en Venezuela; a veces pesaba en mi corazón, pero sabía que esta decisión era parte de lo que buscaba para mi futuro. La resiliencia y la determinación fueron esenciales para superar estos desafíos.

Cada obstáculo superado y cada pequeño triunfo me recordaron que, con perseverancia y una mentalidad positiva, todo es posible. Esta experiencia me enseñó que, aunque el camino pueda ser difícil y lleno de incertidumbres, mantener el enfoque y la fe en uno mismo es fundamental para alcanzar los sueños. Lloré y extrañé a mi familia y mi hogar muchas veces durante este proceso. Hubo momentos en los que la soledad y la incertidumbre me abrumaban. A menudo me preguntaba si lo que estaba haciendo realmente me llevaría al lugar donde quería llegar.

Sin embargo, cada vez que me sentía abrumada, recordaba por qué había empezado este viaje. Sabía que cada sacrificio y cada lágrima valían la pena. La esperanza de alcanzar mis metas y la convicción de que estaba en el camino correcto me dieron la fuerza para seguir adelante. Esta experiencia me enseñó la importancia de la perseverancia y de mantener la fe en uno mismo, incluso en los momentos más difíciles.

Tomar la decisión de quedarme a estudiar en los Estados Unidos en 2016 marcó un antes y un después en mi vida. Desde entonces, he logrado muchas metas importantes. En 2019, me casé con una persona maravillosa, mi esposo, quien me ha apoyado incondicionalmente desde que nos conocimos. Su familia y la mía en Venezuela siempre me han motivado e inspirado a seguir adelante. Viví en dos estados maravillosos, Nueva York y California, y me convertí en residente americana. Además, tuve la oportunidad de viajar a Japón y estar allí temporalmente para acompañar a mi esposo, una experiencia que me enriqueció enormemente. Regresar a los Estados Unidos y ser admitida para estudiar la maestría de mis sueños en la Escuela de Leyes de la Universidad de San Diego fue un logro inmenso, fruto de la constancia y la perseverancia.

Este viaje no ha sido fácil; enfrenté muchos desafíos y momentos de incertidumbre. Sin embargo, cada obstáculo me enseñó la importancia de la disciplina y la resiliencia. He aprendido que, con determinación y esfuerzo, los sueños pueden convertirse en realidad. Ahora, después de mucho esfuerzo, he logrado aplicar al Colegio de Abogados del Estado de California, un proceso muy estricto y meticuloso. Aún estoy trabajando para lograr mi sueño de convertirme en abogada aquí, pero he avanzado mucho y hoy puedo decir con confianza que sí se puede.

Reflexionando sobre mi camino, quiero motivar a todos los que tienen sueños y metas a nunca rendirse. Sean disciplinados y constantes, y no permitan que nadie les diga que no pueden lograrlo. Los desafíos son oportunidades para crecer y aprender, y cada paso hacia adelante, por pequeño que sea, es un paso hacia la realización de tus sueños. Recuerda, nadie ha fracasado mientras pueda empezar de nuevo.

Una de las cosas más geniales que me sucedieron en este último año fue poder reencontrarme con una gran mujer y amiga como lo es Olaida Montilla, ya que venimos del mismo país y de la misma urbanización. Ella, desde Florida, y yo, desde Japón, con tanta distancia entre nosotras, ha sido un pilar fundamental de motivación. Sus llamadas diarias y su constante apoyo me han ayudado a superar la barrera de la distancia, fortaleciendo nuestro lazo y dándome una gran enseñanza: donde hay amistad, hay valor. Además, descubrimos que, sin saberlo, ya éramos cercanas, ya que venimos del mismo lugar. Este hecho nos hizo entendernos mucho más y fortaleció nuestra amistad. Gracias y siempre gracias, Olaida, por ser una persona vitamina en mi vida. Eres una fuente de inspiración, y estoy inmensamente agradecida por tu amistad y todo lo que has aportado a mi vida.

Eleana Roche

"En la amistad, como en el amor, el tiempo es un gran maestro; lo importante es que se aprenda la lección de que hay personas que llegan para quedarse en el corazón".

Lolimar Mujica

Conocer a Lolimar Mujica ha sido una experiencia que ha transformado mi vida de maneras que nunca imaginé. Hemos sido vecinas durante muchos años, compartiendo el día a día y las pequeñas rutinas cotidianas. Sin embargo, jamás pensé que ella tendría un impacto tan profundo y determinante en mi futuro y en todo lo que soy hoy en día.

Desde el exterior, nuestra relación podría parecer como cualquier otra amistad de vecindad: saludos matutinos, conversaciones casuales y ocasionales intercambios de favores. Pero lo que se ha desarrollado entre nosotras va mucho más allá de eso. No relataré cómo nos conocimos ni los detalles específicos de nuestro camino hasta aquí, pero sí quiero destacar la importancia de su honestidad y el apoyo incondicional que siempre me ha brindado.

Recuerdo con claridad el momento en que mi vida dio un giro inesperado y me encontraba en una situación de gran incertidumbre. Fue entonces cuando Lolimar, con la sinceridad que siempre la ha caracterizado, me dijo algo que resonó profundamente en mí: "No te puedo recibir en mi casa para darte alojamiento, porque yo misma estoy viviendo de prestado. No te puedo prometer un trabajo, porque apenas logro sobrevivir con el mío. Pero puedo decirte que valdrá la pena, porque he visto lo que buscas y es muy similar a lo que busco yo. Por eso te digo que es aquí."

Sus palabras, aunque simples, fueron una fuente de luz en un momento de oscuridad. Lolimar no me ofreció promesas vacías ni soluciones fáciles. En cambio, me brindó algo mucho más valioso: una perspectiva honesta y la certeza de que no estaba sola en mi búsqueda. Su apoyo y comprensión me dieron la fuerza para seguir adelante, confiando en que, aunque el camino fuera difícil, valdría la pena.

Lolimar Mujica, tus palabras cambiaron mi vida. Nunca me cansaré de decirte gracias. Gracias por ser esa amiga y vecina que siempre está ahí, incluso cuando las circunstancias no son ideales. Gracias por tu honestidad, que me ha enseñado la importancia de ser sincero con uno mismo y con los demás. Y gracias por creer en mí cuando más lo necesitaba.

Lo que hace a Lolimar tan especial no es solo su capacidad para ofrecer palabras de aliento, sino también su ejemplo de resiliencia y determinación. A pesar de enfrentar sus propios desafíos, siempre ha encontrado la manera de mantenerse firme y seguir adelante. Su capacidad para enfrentar la adversidad con gracia y dignidad es verdaderamente inspiradora.

Nuestra relación ha crecido y evolucionado a lo largo de los años, y cada día me siento más agradecida por tener a Lolimar en mi vida. Ella ha sido un pilar de fortaleza y un ejemplo a seguir. Nos hemos apoyado mutuamente en momentos difíciles y hemos celebrado juntas nuestras victorias. Su influencia ha sido una constante fuente de motivación y su amistad, un tesoro invaluable.

Lolimar ha demostrado que el verdadero valor de una amistad radica en el apoyo mutuo y la honestidad. Sus palabras y acciones han dejado una marca indeleble en mi vida, enseñándome que, sin importar las dificultades, siempre hay esperanza y motivos para seguir adelante. Su impacto en mi vida no puede ser subestimado, y cada día me esfuerzo por ser una persona mejor, inspirada por su ejemplo.

En conclusión, conocer a Lolimar Mujica ha sido uno de los mayores regalos de mi vida. Su honestidad, fortaleza y apoyo incondicional han sido fundamentales en mi viaje. A través de sus palabras y acciones, me ha mostrado el poder de la amistad verdadera y la importancia de ser honesto y resiliente. Nunca podré agradecerle lo suficiente por todo lo que ha hecho por mí, y estoy eternamente agradecida por su presencia en mi vida. Gracias, Lolimar, por ser una amiga increíble y por cambiar mi vida para siempre.

Olaida Montilla

Mi nombre es Lolimar Waleska Mujica Lozada, originaria de Valencia, estado Carabobo, Venezuela. Tengo cincuenta y tres años, estoy casada con Dixon Duno, militar retirado de la Armada de Venezuela. Tenemos dos hijos, Waleska Isabel Duno y Daniel Josué Duno. Nuestra residencia en Venezuela está ubicada en el municipio San Diego, estado Carabobo.

En mi país de origen trabajé desempeñando mi profesión de economista y obtuve una especialización en Derecho Tributario. Me desempeñé en cargos de alto nivel y responsabilidad, entre los que destaco como directora de Administración y Finanzas en la Alcaldía de Naguanagua y luego como gerente de Administración y Finanzas en Méndez y González, CA, Distribuidora de Lácteos Los Andes.

Fui profesora universitaria en una de las mejores universidades del país, la Universidad de Carabobo, en la Facultad de Ciencias Económicas y Sociales, en las cátedras de Introducción a la Economía, Problemas Socioeconómicos y Sociales, y Mercadeo. También fui conferencista, consejera para matrimonios y emprendedora de una empresa de transporte de carga que prestó servicios en todo el territorio nacional, cuyo nombre comercial es Transporte y Servicios Daneska, CA.

Salí de mi país en busca de un sueño y con el deseo de brindarles a mis hijos una mejor calidad de vida. Salimos en medio del caos social y económico del año 2014, un año muy difícil en el que sentimos miedo y desesperanza. El sentimiento que dominaba mi mente era que me estaban sacando de mi propio país. Mirando hacia el futuro, debía buscar lo mejor para mis hijos y para nosotros como matrimonio joven y emprendedores. Ya no podíamos seguir con las operaciones en nuestra empresa de transporte, ya que fuimos objeto de innumerables asaltos y robos de nuestras unidades de carga y del secuestro de nuestro personal. Todo esto nos llevó a tomar la mejor decisión de nuestras vidas.

Llegamos a este gran país que cobija y da oportunidades al inmigrante en septiembre de 2014, con el corazón lleno de sueños y esperanza. Nos ayudó una amiga en los primeros meses, a quien le rentamos una habitación para los cuatro. Siempre le estaremos agradecidos por su hospitalidad y apoyo. Como creyentes, orábamos en cada decisión y Dios mismo nos guiaba en cada paso. Llegamos con nuestra visa de turista por avión, con nuestros pequeños hijos. Al tocar tierra, supimos que estábamos comenzando de cero. Lo primero que hicimos fue pedir orientación para permanecer legalmente en este maravilloso país, cumpliendo así con las normas y leyes de esta sociedad.

Inmediatamente, mi esposo inició trabajo en un hotel Holiday Inn, percibiendo el ingreso básico. Nos ajustamos a este presupuesto por alrededor de dos años, durante los cuales no comprábamos ni zapatos ni ropa nueva, ya que todo lo conseguíamos donado en la iglesia. Me dediqué a cuidar a mis hijos, puesto que no conocía a nadie que pudiera ayudarme con ellos para salir a trabajar, entendiendo que era muy importante y trascendental el buen cuidado de mis pequeños. Investigué todo con respecto a los colegios y sus actividades para que mis hijos se adaptaran lo más rápido posible y de manera natural. Llegamos con un presupuesto muy bajo, pero que nos ayudó a comprar un vehículo usado y a pagar los primeros meses de renta. La comida muchas veces la conseguíamos en una iglesia que nos donaba cada semana una caja de alimentos. Allí inicié un trabajo volun- tario y fui aprendiendo sobre la cultura, las costumbres, las leyes y mi entorno social.

Emocionalmente, para mí fue difícil hacer trabajos de limpieza de casas porque nunca lo había hecho, pero mi ac- titud fue de humildad y aprendizaje, disfrutando cuando me llamaban para hacer este trabajo que era de medio tiempo, limpiando dos casas cada quince días. Para mí, era el mo- mento en el que salía de casa para ayudar a mi esposo con los gastos. Solo puedo decir que tengo un corazón agradecido por esta etapa de mi vida, que luego me impulsó a otra meta.

Nos llevó seis meses conseguir una casa de dos habita- ciones para darle a nuestros hijos un mejor lugar. El primer obstáculo era que no teníamos historial de crédito y esa era una de las exigencias de una oficina de *realtor*. Fue un mo- mento de caminar por fe y actuar con las herramientas y recursos que teníamos. Conversamos en dicha oficina y tu- vimos que dar tres meses de depósito; así obtuvimos nues- tro lugar de vivienda.

¡Así iniciamos esta aventura maravillosa! Con tropiezos muchas veces, con lágrimas porque deseábamos darle a nuestros hijos lo mejor, pero ellos siempre con nobleza en- tendían que estábamos comenzando de cero y siempre nos manifestaban entusiasmo. En la iglesia, el pastor Nick y su esposa nos ayudaron donándonos unas camas para mis hi- jos y juguetes nuevos. Eso nos hizo muy felices; creo que ellos no saben el efecto tan positivo que nos generó en ese momento en el que estábamos viviendo el duelo de dejar a nuestra patria y familia paterna y materna.

La adaptación a nuevas calles, olores, costumbres e idio- ma, incluso el buscar médicos para el cuidado de nuestra salud, era difícil de entender porque vienes acostumbrado a una manera diferente. Pero aun así, con lágrimas muchas veces en los ojos, nos reíamos y decíamos: "Vamos hacia adelante", y hemos avanzado. Otro sentimiento que muchas veces sentí fue el de estar encerrada por el hecho de no poder regresar a mi país; eso me apretaba el pecho y me ponía nerviosa. Creo que es fundamental tener control mental y las ganas de progresar. Hay momentos en los que sientes mucha soledad por tener a tu familia lejos y no conocer a casi nadie, pero nos esforzábamos por hacer amigos y tener un entorno con otras personas que nos apoyaron y ayudaron en el momento en que más lo necesitábamos.

Buscando un lugar donde buscar de Dios y tener participación en la comunidad, comenzamos a asistir a la Iglesia Cristiana El Shaddai, donde su pastor, el reverendo Nick Acevedo, y su esposa Yordania, dirigen esta congregación. Durante los primeros meses hice trabajo voluntario, logrando organizar dentro de la iglesia un grupo de personas que participaban organizando las donaciones de ropa, alimentos y medicinas que luego empacábamos en cajas grandes para enviar a Venezuela a las iglesias de muy escasos recursos.

Esto permitió llevar a cabo un movimiento dentro de la iglesia que se instituyó como un ministerio que aún en la actualidad sigue con esta tarea. Logré organizar el ministerio de ayuda y consejería cristiana para los inmigrantes que cada semana llegaban a la iglesia con necesidades diversas, que quien más podía entender si yo misma estaba viviendo el proceso. Iniciamos mi esposo Dixon y yo visitas al centro de rehabilitación The Oaks Kissimmee.

Allí hicimos trabajos voluntarios con los adultos mayores; les hablamos del amor de Dios, jugábamos con ellos, pintábamos y los escuchábamos con sus vivencias y experiencias. También trabajamos directamente con el pastor Nick, ministrando o enseñando las conferencias para matrimonios una vez cada mes, de las cuales tenemos videos en YouTube. Esto ayudó a muchos matrimonios. Participamos en el ministerio de teatro y organizamos el almacén para las donaciones. Estudié Teología en Micar Cristian University. Esta etapa fue maravillosa por el tiempo de dar nuestro servicio voluntario y de aprender sobre la cultura y sus costumbres. Apreciamos infinitamente todo lo que aportamos y el apoyo que recibimos de esta comunidad.

Luego, mi esposo trabajó por tres años en una empresa de servicio y mantenimiento de piscinas. Esto le permitió aprender todo lo que conlleva hacer este trabajo. Al principio fue muy difícil y agotador, pero luego de pasar esta etapa difícil, ya regresaba a casa más temprano. Yo decidí cuidar niños en mi casa de personas que conocía y que sabían que soy profesional. Fue una experiencia hermosa y de gran responsabilidad; la disfruté al máximo. Los padres siempre han estado agradecidos del cuidado y la educación que les brindé durante tres años. Estos pequeños ya han crecido y es tan gratificante cuando me los encuentro y me saludan como "mami". Ellos siempre serán mis niños.

Pasado un tiempo y con el deseo ya de comprar casa, iniciamos nuestro emprendimiento como empresarios independientes. Este era nuestro gran sueño: poder realizar una actividad que aportara valor a nuestras vidas y la de nuestros hijos, que ellos vieran y aprendieran que es excelente tener tu propio negocio. Es así que en el año 2018 nace Strong Tower Pool and Screen LLC, empresa que iniciamos con la finalidad de ofrecer servicios en dos áreas específicas. La primera abarca todo lo relacionado con el mantenimiento de piscinas tanto comerciales como residenciales. La segunda se enfoca en la instalación de estructuras de aluminio para encerrar espacios abiertos y protegerlos de mosquitos, entre los que destacan Pool Enclosures, Screen Porches y techos aislados. Un gran reto y logro que celebramos todos los días cuando recibimos de nuestros clientes la alegría y satisfacción por el excelente trabajo que hacemos en los hogares que requieren de nuestro servicio.

Soy CEO de Strong Tower Pool & Screen LLC, y nuestra misión es ser los mejores en el servicio que prestamos, ofreciendo siempre a nuestros usuarios soluciones a través de productos y servicios de la más alta calidad, a un costo razonable, conservando siempre el constante desarrollo de nuestro personal para lograr la satisfacción de nuestros clientes y así brindarles la máxima rentabilidad de su inversión.

Nuestra visión es ser reconocidos en el estado de Florida por la excelencia en nuestros servicios, teniendo presencia y satisfacción de nuestros clientes. Nuestros valores: compromiso, trabajo en equipo, responsabilidad, calidad en servicio y producto.

El mayor impacto en el cambio de país fue el idioma, ya que todos los seres humanos nos comunicamos y entendemos por nuestra lengua. Iniciamos un curso en la escuela de los niños en el poco tiempo que teníamos para asistir. Muchas veces salía con dolor de cabeza y aturdida, pero creo que poco a poco, escuchando, vas entendiendo lo básico para poder comunicarte. Aun sigo aprendiendo.

La cultura es tan diferente a la nuestra que hay que desaprender y aprender todo lo que puedas. Es muy bueno hacerlo y te da seguridad y confianza. Debes cumplir las normas y las leyes; es de fundamental importancia si quieres ser parte de esta sociedad. En mi caso, se me ha hecho muy fácil porque en mi país me esforzaba por cumplir con las leyes. La comida: debes ir buscando las opciones que te agradan y ser creativo para ser feliz. Al principio nos costó adaptarnos a los nuevos sabores, pero lo logramos.

He experimentado cambios en mi vida de múltiples maneras. Ahora pienso diferente por todos los momentos difíciles y buenos que he transitado en esta etapa de inmigrante. Cada experiencia que he vivido en este maravilloso país me ha enseñado a ser más fuerte, a ver la vida con otras perspectivas. Venía acostumbrada a una zona de confort en un entorno seguro, entre comillas. Creo que la razón principal de los cambios es que estás aprendiendo todos los días cosas nuevas. Haces todo lo que puedes hacer, así no quieras. Es como un motor que arranca con fuerza todos los días.

No hay tiempo para pensar mucho, solo para seguir caminando hacia adelante y hacerlo siendo el mejor, demostrando profesionalidad y empatía, siendo más humano y expresando tus sentimientos en todo lo que hagas. Lograr tener una empresa estable en EE.UU. es de gran satisfacción: ser parte del producto interno bruto de esta nación, generar empleos y vivir bien con tu familia. Todo requiere de valor y esfuerzo, todo es con pasión y amor, y el resultado es el éxito. ¿Qué cambiaría en este proceso? Quizás me hubiera gustado tener mayor información en muchos aspectos que hubieran acelerado algunas cosas. Despedir a papi de este plano terrenal un 24 de diciembre del 2023 cambió totalmente mi perspectiva de la vida. Pero en general, entiendo que todo pasa en el momento indicado porque el Padre es Dios y Él nos guía.

Hoy en día soy una madre feliz porque mis hijos estudian en el college las profesiones que les gustan y apasionan. Soy la CEO de mi empresa y cada día me preparo y obtengo conocimientos para ejercer mejor mi función. Creo que todos debemos entender que aprender y obtener conocimientos es algo que debemos hacer hasta que seamos ancianos. Continúo estudiando y transmitiendo lo que sé. Me siento plena, con un esposo que se esfuerza en todo lo que hacemos como equipo porque somos uno. En resumen, me siento satisfecha, con alegría y estabilidad.

Mis futuras metas son ampliar nuestro negocio a otras ciudades, seguir dando conferencias de motivación y aspectos de la economía para el buen uso de los recursos que son escasos y debemos administrar de la mejor manera para ofrecer un futuro mejor a las nuevas generaciones. Buscar alianzas con otras organizaciones, invertir en la ampliación de nuestra empresa y ser feliz. Esa es la mejor meta: vivir convencidos de que lo estamos haciendo bien y que es bueno disfrutar del fruto de nuestro trabajo.

Quiero dedicar estas palabras de agradecimiento a las personas más importantes en mi vida, quienes han sido mi roca y mi inspiración a lo largo de este viaje de resiliencia y superación.

A mi amado esposo Dixon Duno, con quien he compartido esta travesía de vida y emigración. Dixon, tu fortaleza, dedicación y amor incondicional han sido fundamentales en cada paso que hemos dado juntos. Desde nuestros días en Venezuela, enfrentando desafíos laborales y personales, hasta nuestra llegada a este nuevo país, siempre has sido mi apoyo constante. Tu capacidad para adaptarte y enfrentar los obstáculos con valentía ha sido un ejemplo para mí y nuestros hijos. Gracias por ser mi compañero de vida, por tu paciencia y por trabajar incansablemente para construir un futuro mejor para nuestra familia. Tu esfuerzo y sacrificio no pasan desapercibidos y siempre llevaré en mi corazón la gratitud por todo lo que has hecho y sigues haciendo.

A mis hijos, Waleska Isabel y Daniel Josué Duno, mis tesoros más preciados. Su adaptación y valentía al enfrentar una nueva cultura, un nuevo idioma y un nuevo entorno han sido una fuente inagotable de inspiración. Waleska, tu perseverancia y pasión por tus estudios me llenan de orgullo. Has demostrado una madurez impresionante y un corazón lleno de bondad. Daniel, tu nobleza y determinación por aprender son contagiosas y nos emociona ver tus victorias. Cada uno de ustedes ha mostrado una increíble capacidad de adaptación y resiliencia, y han sido una gran motivación para seguir adelante, incluso en los momentos más difíciles. Sus sonrisas y abrazos han sido el aliento que he necesitado para no desfallecer en esta aventura.

Nuestra mudanza a los Estados Unidos en busca de una vida mejor no habría sido posible sin la unión y el amor que compartimos como familia. A pesar de las adversidades, juntos hemos construido un hogar lleno de amor y esperanza. Hemos aprendido y crecido como individuos y como familia, superando barreras y celebrando cada pequeño logro con el mismo entusiasmo.

Agradezco profundamente el apoyo emocional y espiritual que hemos encontrado en nuestra comunidad. Al pastor Nick Acevedo y a la Iglesia Cristiana El Shaddai, gracias por ser nuestra familia extendida, por brindarnos apoyo en momentos cruciales y por darnos la oportunidad de servir y crecer en la fe.

Gracias a ti, Dios, por guiarnos y fortalecernos en cada paso de nuestro camino. Su amor y misericordia nos han sostenido y nos han dado la certeza de que, con fe y determinación, podemos superar cualquier obstáculo. Te lo debemos todo a ti.

A mi querida Emilia Machado y su esposo, por habernos adoptado como hijos y darnos el cariño de madre en esta etapa de nuestras vidas.

Con amor y gratitud,

Lolimar Waleska Mujica Lozada
"El éxito no es el final, el fracaso no es fatal: es el coraje de continuar lo que cuenta".
Winston Churchill

El impacto positivo de tener a todas estas personas en mi vida

Desde el momento en que emigré a los Estados Unidos, mi vida ha estado marcada por una serie de desafíos y oportunidades de crecimiento personal. En este camino, he tenido la fortuna de encontrar a personas extraordinarias que no solo me han brindado su apoyo incondicional, sino que también han dejado una huella profunda en mi vida. Entre ellas, Andreina Vargas, Elianna Brito, Alicia Tosar, María Vegas, Jonny Moran, Aixela Antequera, Thalía Contreras, Melissa Londoño, Eleana Rocher y Lolimar Mujica se destacan por su humanidad, perseverancia y capacidad para inspirar a los demás. Sus ejemplos de vida han sido fundamentales para mi adaptación y éxito en este nuevo entorno, y creo firmemente que su influencia puede servir de guía y motivación para otros emigrantes que buscan alcanzar sus sueños en este país.

Sus actitudes positivas han sido una constante fuente de inspiración. Todos tienen una capacidad única para ver lo mejor en cada situación, lo cual es una cualidad invaluable para alguien que enfrenta los desafíos de la emigración. Su optimismo no solo les permite superar obstáculos personales, sino que también influye positivamente en su entorno.

Son personas de retos y sacrificios. Han demostrado una y otra vez que con perseverancia y una actitud positiva, se pueden alcanzar grandes metas. Este enfoque no solo ha sido crucial en su propio éxito, sino que también ha servido de ejemplo para mí y para otros emigrantes. Enfrentar la adversidad con una mentalidad positiva nos permite ver oportunidades donde otros solo ven problemas, y esto es algo que cada una de estas personas ejemplifica perfectamente.

Todos son la personificación de la empatía y la dedicación a los demás. Su capacidad para atender a los más necesitados con paciencia y entrega es asombrosa. En mi experiencia como emigrante, he visto cómo su ejemplo de humanidad y compasión puede transformar comunidades y ofrecer esperanza a quienes más lo necesitan.

Todos consideran a cada miembro de su comunidad como parte de su familia. Esta visión inclusiva y solidaria es especialmente relevante para los emigrantes, quienes a menudo se sienten aislados y desconectados de sus raíces. La manera en que cada uno valora y aprecia a cada individuo nos enseña la importancia de construir redes de apoyo y de ser parte activa en nuestras comunidades adoptivas.

Tanto unos como otros han mostrado una increíble capacidad para crecer en la adversidad. Sus historias de superación y éxito en medio de circunstancias difíciles son un testimonio de la resiliencia humana. Como emigrantes, enfrentamos numerosos desafíos, desde barreras lingüísticas hasta la adaptación a una nueva cultura y sistema social. Ver cómo todos han manejado sus propios desafíos nos ofrece un modelo a seguir.

Unos, con su perseverancia y actitud positiva, y otros, con su humanidad y dedicación, han demostrado que no importa cuán grandes sean los obstáculos, siempre es posible encontrar una manera de superarlos. Sus experiencias me han enseñado que la clave para el éxito no está en evitar las dificultades, sino en enfrentarlas con valentía y optimismo.

La influencia de cada uno de ellos va más allá de su impacto personal en mi vida. Sus historias son una fuente de inspiración para toda la comunidad de emigrantes en los Estados Unidos. Nos enseñan que, independientemente de nuestras personalidades o circunstancias individuales, todos tenemos el potencial de alcanzar nuestros sueños.

Ellos nos muestran que una actitud positiva puede transformar nuestra realidad. Su ejemplo nos anima a mantener la esperanza y a buscar siempre el lado bueno de las cosas, incluso en las situaciones más difíciles. Otros, por su parte, nos enseñan la importancia de la empatía y la solidaridad. Su dedicación a ayudar a los demás nos recuerda que, al apoyarnos mutuamente, podemos construir comunidades más fuertes y cohesionadas.

Es crucial reconocer que la diversidad de personalidades es una fuente de riqueza y fortaleza. Estas personas son muy diferentes, pero cada una de ellas ofrece valiosas lecciones y modelos a seguir. Unas, con su energía positiva y su determinación, y otras, con su compasión y humanidad, nos muestran que no hay una única manera de ser exitoso. Cada uno de nosotros puede encontrar en ellas un espejo en el cual reflejarnos y descubrir nuestras propias fortalezas.

Como emigrantes, todos aspiramos a alcanzar una vida mejor en este país. Sin embargo, este camino está lleno de desafíos que requieren fortaleza, determinación y el apoyo de nuestra comunidad. Estas personas han sido ejemplos vivos de cómo enfrentar estos desafíos y salir adelante. Su influencia ha sido crucial en mi vida y estoy convencido de que sus historias pueden servir de guía para muchos otros.

Algunas, con su perseverancia, me han enseñado a no rendirme nunca. Su ejemplo me ha ayudado a mantenerme enfocado en mis metas, incluso cuando las circunstancias se han vuelto difíciles. Otras, con su humanidad, me han mostrado la importancia de ser parte activa de mi comunidad y de apoyar a quienes me rodean. Gracias a todos, he aprendido que el éxito personal está estrechamente ligado al bienestar de nuestra comunidad.

En conclusión, contar con estas personas en mi vida ha sido una bendición inmensa. Su impacto positivo ha sido crucial en mi adaptación y éxito como emigrante en los Estados Unidos. Con su actitud positiva, perseverancia, humanidad y dedicación a los demás, han sido faros de luz en mi camino. Sus historias de superación y crecimiento en la adversidad son una fuente de inspiración para toda la comunidad de emigrantes. Nos enseñan que, sin importar nuestras personalidades, todos podemos encontrar en ellos un ejemplo a seguir y la motivación necesaria para alcanzar la vida deseada en este país.

He disfrutado con gran intensidad redactar estas líneas, recopilando información y reviviendo recuerdos. Ha sido una experiencia maravillosa y emotiva, que me ha hecho reír al recordar los inicios, las conversaciones y las vivencias compartidas. Cada detalle me ha transportado a una montaña rusa de emociones, algunas de las cuales me hicieron revivir olores, otras me devolvieron sabores que creía olvidados, y algunas más me llevaron de vuelta a mi país de origen, para luego devolverme aquí, a este presente que construyo día a día.

Es curioso cómo el pasado puede aflorar con tanta viveza cuando lo evocamos con el corazón abierto. No sé dónde estaré mañana ni si lograré cumplir todos mis sueños. La verdad es que la vida es incierta, y los planes que trazamos pueden cambiar en cualquier momento. Lo que tengo claro es que eso está bien. Es aceptable. Nadie es un árbol; todos tenemos el derecho de movernos en busca de nuestros sueños. Y esos sueños, como nosotros, pueden cambiar, hacerse más grandes o incluso desvanecerse si descubrimos que no eran el centro de nuestra vida, aunque en un momento así lo creímos.

A medida que crecemos y nos reinventamos, nos volvemos susceptibles a nuevas experiencias y cambios. De repente, cosas que antes nos apasionaban pueden dejar de gustarnos, y los sabores y olores que una vez nos traían alegría pueden perder su encanto. Dejar de creer en algunas cosas y volverse más permisivo, o al contrario, prohibirse ciertas acciones, son parte del proceso de maduración. Nos volvemos más cuestionadores, o simplemente permitimos que otros nos cuestionen, y eso está bien. Es parte del crecimiento y la evolución personal.

Lo cierto es que, para bien o para mal, cambiamos y evolucionamos sin darnos cuenta. Creemos que estos cambios requieren un profundo análisis, pero lo cierto es que cuando más los analizamos, menos los experimentamos. Un buen día, nos transformamos ante las adversidades de la vida, y simplemente no nos damos cuenta de lo heroicas que somos. No somos héroes porque hacemos actos heroicos para la humanidad; somos héroes porque enfrentamos nuestros propios retos, cada uno de nosotros, a nuestra manera y con nuestro propio valor.

Es por eso que me digo a mí misma: nadie vendrá a aplaudir tus logros, así que levántate y apláudete. Levántate y celébrate, porque para mí, mi mayor héroe soy yo. Yo, que conozco mis miedos y los enfrento. Tú, que conoces los tuyos y los enfrentas. Por lo tanto, no permitas que nadie te diga que no puedes. Si has llegado hasta esta línea, puedes darte cuenta de cómo cada uno ha alcanzado sus sueños. Ninguno de estos sueños es pequeño. No hay logros grandes ni pequeños, porque cada uno de nosotros es diferente, y es allí donde reside lo atractivo de la historia.

Cada uno de nosotros tiene un camino único y especial. Algunos pueden parecer más complicados, otros más sencillos, pero todos tienen su propio valor. Lo importante es reconocer que cada paso que damos, cada meta que alcanzamos, por pequeña que parezca, es un reflejo de nuestra fuerza y determinación. Somos los arquitectos de nuestras propias vidas, y es fundamental reconocer y celebrar nuestros éxitos, por pequeños que sean.

A lo largo de este viaje de recordar y escribir, he redescubierto la importancia de valorar cada momento y cada logro. Me he reído, he llorado y he revivido experiencias que pensaba olvidadas. Cada una de estas emociones me ha recordado que estamos en constante cambio y evolución. Y aunque a veces no nos demos cuenta de nuestro propio crecimiento, cada desafío superado nos hace más fuertes y más sabios.

Es fundamental aprender a celebrar nuestros logros, sin importar cuán insignificantes puedan parecer. La vida es una serie de pequeños y grandes momentos que juntos forman nuestra historia personal. Celebrar nuestros éxitos, reconocer nuestras derrotas y aprender de ellas es lo que nos hace verdaderamente humanos. Es lo que nos permite seguir adelante, seguir soñando y seguir creciendo.

No sabemos qué nos depara el futuro, pero lo que sí sabemos es que cada uno de nosotros tiene el poder de cambiar su rumbo en cualquier momento. Y eso es algo hermoso. La flexibilidad y la capacidad de adaptación son esenciales para alcanzar nuestros sueños, y debemos estar dispuestos a reinventarnos y a aceptar los cambios que la vida nos presenta.

Cada uno de los sueños que tenemos es valioso. No hay sueños pequeños ni logros insignificantes. Todos ellos contribuyen a nuestra historia y nos hacen quienes somos. Y es importante recordar que, aunque a veces no lo veamos, cada uno de nosotros tiene la capacidad de ser un héroe en su propia vida. Enfrentamos nuestros miedos, superamos nuestros retos y seguimos adelante, día tras día.

Así que, aplaude tus logros. Celebra cada pequeña victoria. Reconoce tu valentía y tu determinación. Porque tú, al igual que yo, eres un héroe. Y eso es algo que nunca debes olvidar. Si has llegado hasta aquí, es porque has recorrido un largo camino. Has enfrentado desafíos, has superado obstáculos y has alcanzado metas. Y por todo eso, mereces ser celebrado.

La vida es un viaje lleno de altos y bajos, de alegrías y tristezas, de éxitos y fracasos. Pero cada uno de esos momentos es una oportunidad para crecer y aprender. Así que sigue adelante, sigue soñando y sigue luchando. Porque el mayor héroe en tu vida eres tú, y cada día es una nueva oportunidad para demostrar tu fortaleza y tu valor.

Recuerda siempre que cada uno de nosotros es diferente, y es esa diversidad lo que hace nuestras historias tan únicas y especiales. Cada logro, por pequeño que sea, es un paso más hacia la realización de nuestros sueños. Y eso es algo que siempre debemos valorar y celebrar.

Este libro no está lleno de personajes famosos, sino de historias cotidianas de seres humanos que batallan consigo mismos. Está lleno de una diversidad de emociones, de la hermana, de la mamá, del hijo, del amigo, del primo, del vecino, del conocido que vemos todos los días en la calle, que nos encontramos en el mercado, en el semáforo, aquel que tiene un sinfín de miedos por dentro y cuando te ve, sonríe.

Ese que tiene mil problemas en su vida, pero tiene un espacio para escucharte, el chico que te encuentras en la calle, en la piscina, en un aeropuerto, en un parque o incluso en una fiesta. Aquí en Estados Unidos, puede ser el que te hace el Uber o el que te vende el carro. Este libro no se trata de cuánto dinero has hecho o cuánto crecimiento material has tenido en tu vida; se trata de cuántos miedos has vencido y cuántos te quedan por vencer. Recuerda que este espejo te puede servir a ti o a cualquier conocido que hoy la emigración esté consumiendo.

Olaida Montilla

Capacidad de Renovación Humana

No son las únicas personas que considero deben estar aquí. Al contrario, creo que si las desarrollamos, nunca terminaríamos, pues el ser humano tiene la capacidad de renovarse continuamente. Muchas veces pensamos que lo que estamos viviendo nos conducirá a nuestro fin, pero resulta que no es así. En esos momentos es cuando tenemos más para dar de nosotros mismos. Hay muchas personas cuyas historias no mencionaré aquí por no contar con su autorización, pero en realidad tienen una historia maravillosa que contar.

Entre estas historias, se encuentran las de personas para quienes este no es su primer país de emigración. Han venido de dar una serie de tumbos y tropiezos en la vida que los llevaron a crecerse en la adversidad. Para ellos, esos países anteriores fueron una escuela, y al llegar aquí, deciden no tropezar más. Buscan buenos consejos y desarrollan habilidades esenciales, volviéndose expertos en medir riesgos.

Es fundamental hablar también de aquellos que dejan a su familia en su país de origen para poder darles un futuro mejor. Una de las partes se sacrifica, muchas veces siendo un padre, una madre, un hijo o un hermano, y pasan meses esperando un mañana, anhelando un abrazo o una bendición. Estas personas emigran en busca de un futuro que sus países les negaron.

La capacidad de renovarse es una de las características más admirables del ser humano. Cada persona tiene su propia historia de lucha y superación. Por ejemplo, aquellos que han dejado todo atrás y han emigrado a varios países en busca de un lugar donde puedan prosperar. Cada país les enseñó lecciones valiosas, y al llegar aquí, utilizan esas experiencias para no cometer los mismos errores. Desarrollan habilidades para enfrentar los desafíos y buscar consejos que les ayuden a tomar decisiones acertadas.

Conozco muchos casos de personas que, a pesar de haber enfrentado grandes dificultades, han logrado salir adelante gracias a su capacidad de adaptación y resiliencia. Estas historias son un testimonio de la fuerza del espíritu humano. Es admirable ver cómo estas personas, después de haber pasado por tantas adversidades, encuentran la forma de reconstruir sus vidas y buscar un mejor futuro para ellos y sus seres queridos.

En muchas ocasiones, estas personas encuentran en sus nuevas comunidades el apoyo que necesitan para salir adelante. Forman redes de ayuda mutua, donde comparten experiencias y consejos, y se brindan apoyo emocional y práctico. Es en estas comunidades donde muchos encuentran la fuerza para seguir adelante y la motivación para superar los desafíos que enfrentan.

El sacrificio que hacen aquellos que dejan a sus familias atrás es enorme. La separación de los seres queridos es una de las partes más dolorosas del proceso de emigración. Sin embargo, lo hacen con la esperanza de poder brindarles un futuro mejor. El anhelo de reunirse nuevamente y de poder ofrecerles una vida digna es lo que los impulsa a seguir adelante, a pesar de las dificultades y la incertidumbre.

Hay tantas historias no contadas de personas que han enfrentado grandes desafíos y han logrado superarlos. Estas historias son una fuente de inspiración y un recordatorio de la capacidad humana para adaptarse y renovarse. Cada historia es única y merece ser contada, pero muchas veces, por respeto a la privacidad o por no contar con la autorización, no se pueden compartir. Sin embargo, es importante reconocer y valorar estas experiencias, pues son un testimonio de la fuerza y la resiliencia del ser humano.

Buscar buenos consejos y aprender a medir los riesgos es una habilidad invaluable. Muchas de las personas que emigran desarrollan esta habilidad a lo largo de su vida, aprendiendo de cada experiencia y de cada tropiezo. Al llegar a un nuevo país, aplican estas lecciones para evitar errores del pasado y para tomar decisiones que les permitan construir una vida mejor para ellos y sus familias.

La adaptación a un nuevo entorno no es fácil, pero es un proceso que muchas personas logran llevar a cabo con éxito. Aprenden a conocer y a respetar las normas y costumbres de su nuevo país, mientras mantienen y valoran sus propias tradiciones y cultura. Este equilibrio les permite integrarse y prosperar, contribuyendo al enriquecimiento cultural y social de su nueva comunidad.

Cada desafío enfrentado es una oportunidad de crecimiento. Las personas que han emigrado y han pasado por dificultades entienden esto mejor que nadie. Cada obstáculo superado es un logro, y cada logro es un paso más hacia una vida mejor. Estas personas son un ejemplo de determinación y coraje, y sus historias son una fuente de inspiración para todos nosotros.

El futuro es incierto, pero la capacidad de renovarse y adaptarse del ser humano es lo que nos permite seguir adelante. Las historias de aquellos que han dejado todo atrás en busca de un mejor futuro nos enseñan que, a pesar de las adversidades, siempre hay esperanza. Estas historias nos recuerdan que, con determinación y esfuerzo, podemos superar cualquier obstáculo y construir un futuro mejor para nosotros y nuestros seres queridos.

En conclusión, la capacidad de renovación y adaptación del ser humano es asombrosa. A través de historias de emigrantes que han enfrentado grandes desafíos y han logrado superarlos, podemos ver el poder de la resiliencia y la importancia del sacrificio. Estas historias no solo nos inspiran, sino que también nos enseñan valiosas lecciones sobre la vida y la importancia de seguir adelante, sin importar las dificultades.

Un aplauso a los no mencionados: un reconocimiento a la resiliencia

A todas aquellas personas que no están en este libro, les dedicamos un aplauso sincero y sentido. Sus historias, aunque no estén plasmadas en estas páginas, son igualmente valiosas y dignas de reconocimiento. En un mundo lleno de desafíos y adversidades, cada acto de valentía y perseverancia es un testimonio de la fuerza humana.

En la vida cotidiana, existen héroes silenciosos que no buscan reconocimiento ni fama, pero que con sus acciones dejan una huella imborrable. Estas personas, con su capacidad de renovarse y adaptarse, nos enseñan que la verdadera grandeza reside en la lucha diaria y en la superación personal. A ustedes, que día a día enfrentan desafíos, les dedicamos estas páginas como un homenaje a su valentía.

Muchas veces, las historias más impactantes no son las que se encuentran en los titulares, sino las que se viven en la intimidad de nuestras comunidades. Aquellos que han emigrado, que han dejado todo atrás en busca de un mejor futuro, merecen nuestro reconocimiento y respeto. Cada sacrificio hecho, cada riesgo tomado y cada obstáculo superado es un acto de coraje digno de aplauso.

La esperanza es lo que nos mantiene en pie, lo que nos impulsa a seguir adelante a pesar de las dificultades. A todos ustedes que, con fe y determinación, han transformado sus vidas y las de sus familias, les damos un aplauso. Su capacidad para soñar y luchar por un futuro mejor es un ejemplo inspirador para todos nosotros.

En cada rincón del mundo, hay personas cuya lucha y resiliencia no son conocidas por muchos, pero que han hecho una diferencia significativa en sus propias vidas y en las de quienes los rodean. A ustedes, los anónimos que no buscan la gloria pero merecen toda nuestra admiración, les dedicamos este espacio como muestra de nuestro agradecimiento.

El sacrificio es un acto de amor y compromiso que muchas veces pasa desapercibido. Aquellos que dejan sus hogares, sus familias y sus amigos en busca de un futuro mejor, llevan consigo una carga emocional enorme. Este aplauso es para ustedes, que con su sacrificio, han construido nuevas oportunidades y han brindado esperanza a quienes más aman.

Cada historia de superación es una fuente de inspiración. Aunque no todas las historias pueden ser contadas en estas páginas, cada una tiene su valor y su enseñanza. A todos ustedes que, con esfuerzo y dedicación, han transformado sus vidas, les damos un aplauso. Su ejemplo nos motiva a seguir adelante y a no rendirnos ante las adversidades.

La diversidad de experiencias es lo que enriquece nuestra sociedad. Cada persona tiene una historia única que contar, llena de retos y logros. A ustedes, que con su diversidad y riqueza cultural, contribuyen al tejido social, les damos un aplauso. Su presencia y participación hacen de este mundo un lugar más inclusivo y comprensivo.

La perseverancia es la clave del éxito en cualquier empresa. Aquellos que, a pesar de las caídas y los fracasos, se levantan y siguen adelante, merecen todo nuestro respeto y admiración. Este aplauso es para ustedes, que nunca se rinden y que con cada paso demuestran que la perseverancia es la fuerza que mueve al mundo.

El apoyo mutuo es esencial en cualquier proceso de adaptación y superación. A aquellos que, con su solidaridad y generosidad, han ayudado a otros en sus momentos más difíciles, les damos un aplauso. Su espíritu de comunidad y colaboración es un pilar fundamental para la construcción de un futuro mejor.

La capacidad de renovarse y reinventarse es una de las cualidades más poderosas del ser humano. A todos ustedes que, con su capacidad de adaptación, han transformado desafíos en oportunidades, les damos un aplauso. Su ejemplo nos enseña que siempre es posible empezar de nuevo y que cada día trae consigo la posibilidad de un nuevo comienzo.

Finalmente, este aplauso es para aquellos cuyas historias no se encuentran en estas páginas, pero que con su vida y acciones diarias hacen una diferencia significativa. Su valentía, sacrificio y resiliencia son un ejemplo para todos nosotros. A ustedes, les agradecemos y les reconocemos con todo nuestro corazón.

En conclusión, aunque sus nombres no aparezcan aquí, su impacto es profundo y duradero. Este aplauso es una humilde muestra de nuestro reconocimiento y admiración. Su capacidad de renovarse, su perseverancia y su espíritu indomable son una fuente de inspiración para todos. Gracias por ser un ejemplo de fortaleza y esperanza.

Por último para despedirme, pero no menos importante, reconocimiento a quienes regresan a su país

En el mundo de la migración, hay historias de valentía y sacrificio que rara vez se cuentan, pero que merecen todo nuestro respeto y admiración. Hoy queremos dedicar estas páginas a aquellas personas que, después de haber emigrado, tomaron la valiente decisión de regresar a su país de origen. Este retorno no es un signo de fracaso, sino una manifestación de valores profundos y de un entendimiento claro de lo que realmente importa en la vida.

Regresar al país de origen requiere un coraje inmenso. Es reconocer que, a pesar de los desafíos económicos y materiales que pueden haber motivado la emigración inicial, la conexión con la familia, la cultura y las raíces es inquebrantable. Es una decisión que implica valorar lo intangible por encima de lo tangible, priorizando el amor y la cercanía de los seres queridos sobre cualquier ganancia material.

A todos ustedes que han decidido regresar, les damos un merecido reconocimiento. Su elección refleja una sabiduría profunda y un entendimiento claro de que la verdadera riqueza no se mide en términos monetarios, sino en la calidad de las relaciones humanas y en el sentido de pertenencia y comunidad.

El regreso a casa es un testimonio del poder del vínculo familiar. La presencia y el apoyo de la familia son insustituibles, y muchas veces, son la razón principal para decidir volver. Esta decisión no solo beneficia a quien regresa, sino también a sus seres queridos, que reciben con alegría y gratitud la vuelta de un hijo, una hija, un padre, una madre, un hermano o una hermana.

La familia es el pilar fundamental de nuestras vidas. A aquellos que han regresado, su presencia renueva el tejido familiar y fortalece los lazos que los unen. Esta acción nos recuerda la importancia de estar juntos, de apoyarnos mutuamente y de compartir los momentos de alegría y tristeza, contribuyendo así al bienestar y la felicidad colectiva.

Volver a casa después de haber vivido en otro país no es volver con las manos vacías. Quienes regresan traen consigo una riqueza invaluable de experiencias, conocimientos y aprendizajes adquiridos durante su estancia en el extranjero. Estas experiencias no solo enriquecen su propia vida, sino también la de sus comunidades de origen.

El regreso permite compartir nuevas perspectivas y habilidades, promoviendo el desarrollo y el progreso local. Es una oportunidad para contribuir de manera significativa al crecimiento y al bienestar de la comunidad, utilizando las lecciones aprendidas para generar un impacto positivo.

En un mundo donde a menudo se valora más lo material, quienes regresan a su país nos enseñan una lección vital sobre lo que realmente importa en la vida. Nos recuerdan que el verdadero éxito y la verdadera felicidad no se encuentran en la acumulación de bienes, sino en la calidad de las relaciones humanas, en la paz de estar con los seres queridos y en la satisfacción de contribuir al bienestar de la comunidad.

A ustedes, que han regresado, les damos un reconocimiento sincero por su sabiduría y valentía. Su decisión es un ejemplo para todos nosotros. Nos inspiran a reevaluar nuestras propias prioridades y a valorar más profundamente lo que tenemos. Nos muestran que, al final del día, lo más importante no es cuánto tenemos, sino con quién compartimos nuestras vidas.

En conclusión, este reconocimiento es para ustedes, que han optado por regresar a su país. Su valor al priorizar lo esencial sobre lo material es admirable y digno de respeto. Gracias por recordarnos la importancia de la familia, de las raíces y de la comunidad. Su decisión enriquece no solo sus propias vidas, sino también las de todos aquellos que tienen el privilegio de estar a su lado.

Olaida Montilla

ÍNDICE